9.-10. Schuljahr

Christine Schlote

Stationenlernen Wirtschaft

So funktioniert die Welt – Allgemeinwissen altersgerecht vermitteln

Lernen mit Erfolg
KOHL VERLAG
www.kohlverlag.de

Stationenlernen Wirtschaft
9.-10. Schuljahr

2. Auflage 2021

Inhalt: Christine Schlote
Coverbild: © Julien Eichinger - fotolia.com
Bildquellennachweis: siehe Umschlagseite
Grafik & Satz: Kohl-Verlag
Druck: farbo prepress GmbH, Köln

Bestell-Nr. 11 775

ISBN: 978-3-95686-764-4

Der vorliegende Band ist eine Print-Einzellizenz

Sie wollen unsere Kopiervorlagen auch digital nutzen? Kein Problem – fast das gesamte KOHL-Sortiment ist auch sofort als PDF-Download erhältlich! Wir haben verschiedene Lizenzmodelle zur Auswahl:

	Print-Version	PDF-Einzellizenz	PDF-Schullizenz	Kombipaket Print & PDF-Einzellizenz	Kombipaket Print & PDF-Schullizenz
Unbefristete Nutzung der Materialien	x	x	x	x	x
Vervielfältigung, Weitergabe und Einsatz der Materialien im eigenen Unterricht	x	x	x	x	x
Nutzung der Materialien durch alle Lehrkräfte des Kollegiums an der lizensierten Schule			x		x
Einstellen des Materials im Intranet oder Schulserver der Institution			x		x

Die erweiterten Lizenzmodelle zu diesem Titel sind jederzeit im Online-Shop unter www.kohlverlag.de erhältlich.

Inhalt

Vorwort

Liebe Kolleginnen und Kollegen*,

es gibt immer wieder neue Produkte auf den Märkten. Viele Informationen stürmen auf uns ein und jeder, besonders die Anbieter von neuen Produkten oder Dienstleistungen wollen unser Bestes – unser Geld. Werbung soll bei uns Bedürfnisse wecken und uns zum Kauf der neuesten Joghurtsorte verleiten. Allerdings sind unsere Ressourcen knapp. Wir müssen mit ihnen vernünftig wirtschaften. Dazu ist es notwendig, einen Überblick über Märkte und Preise, Wirtschaftsabläufe, Arbeitsweise von Werbung usw. zu haben.

An wen können wir uns wenden, wenn wir doch einmal in eine für uns scheinbar ausweglose Situation wie Überschuldung geraten sind? Wo finden wir Informationen und Unterstützung? Nur wer sich informieren und diese Informationen einordnen kann, hat die Möglichkeit, ein mündiger Verbraucher und Marktteilnehmer zu werden.

Christine Schlote

*Mit den Schülern bzw. Lehrern sind im ganzen Heft selbstverständlich auch die Schülerinnen und Lehrerinnen gemeint!

Übersicht

1. Wirtschaft geht uns alle an

2. Der Markt und die Marktpreisbildung

3. Prinzipien der Wirtschaftlichkeit

Übersicht

4. Vom Geld

5. Verbraucherverhalten und Verbraucherschutz

Themen für Kurzreferate

Einsatz der Materialien

Die Kopiervorlagen sind für die Arbeit an Stationen im Rahmen eines differenzierten Unterrichts in Klasse 9 und 10 einsetzbar.
Sie können, je nach Leistungsstand der Schüler, die Stationen dieses Bandes mit Stationen aus den Bänden Wirtschaft an Stationen 5/6 und 7/8 ergänzen. Umgekehrt ist es natürlich auch möglich.
Die Stationen können unabhängig voneinander bearbeitet werden und bauen nicht aufeinander auf. Anhand abwechslungsreicher Aufgaben können sich die Schüler den Lernstoff selbstständig erarbeiten. Zusätzlich zu den einzelnen Stationen gibt es in diesem Band ein Kapitel mit Themen für Kurzreferate. Ein Kurzreferat kann interessierten Schülern zusätzlich angeboten werden.
Für einzelne Stationen werden Zusatzmaterialien benötigt: • **Kapitel 1** Station IV: Die Arbeitslosenquote (Internetzugang, Millimeterpapier, Bleistift, Geodreieck oder Lineal und Buntstifte in verschiedenen Farben werden benötigt.) Station V: Werbung (Teil 1) (Schere, Klebstoff, Stifte in rot und grün werden benötigt.) Station VI: Vom Einkommen – Bruttoeinkommen und Nettoeinkommen (Teil 1) (Stifte in verschiedenen Farben werden benötigt.) • **Kapitel 2** Station I: Der Markt (Teil 1) (Bleistift und Lineal werden benötigt.) Station II: Die Marktpreisbildung (Teil 2) (Bleistift und Lineal werden benötigt.) Station V: Der Konjunkturzyklus (Teil 1) (Schere und Klebstoff werden benötigt.) • **Kapitel 3**: Station III: Wie setzt sich der Preis für ein Produkt zusammen? (Es wird ein Internetzugang benötigt.) Kapitel 6: Themen für Kurzreferate (Lexika und Internetzugang werden benötigt.)

Entscheiden Sie selbst, welche Stationen Ihre Schüler bearbeiten sollen.
Die verschiedenen Niveaustufen in der Übersicht stellen eine Orientierungshilfe dar. Sie sind bewusst nur in der Übersicht notiert. Sie als Lehrperson haben die freie Wahl, *alle Stationen*, nur von Ihnen *ausgewählte Stationen* oder mit *Niveaustufen gekennzeichnete Stationen* erarbeiten zu lassen.
Die beiden Laufzettel greifen diese verschiedenen Möglichkeiten auf:

- Füllen Sie jedem Schüler einen individuellen Laufzettel aus, in den Sie die Stationennummern bereits eintragen. Versehen Sie dazu alle Stationen mit einem Niveaustufensymbol.
- Verzichten Sie auf Niveaustufen. Die Schüler wählen frei, welche Stationen sie bearbeiten.

Stationen:

Die einzelnen Stationskarten sind mit Nummern versehen, eine chronologische Bearbeitung ist aber nicht nötig.Trotz der Nummerierung kann jeder Schüler selbst entscheiden, welche Station er bearbeiten möchte. Dies können beispielsweise lediglich Stationen aus einem Bereich sein, ebenso gut können jedoch Stationskarten aus allen Bereichen vermischt werden. Die Stationen können in Einzel-, Partner- oder Kleingruppenarbeit erarbeitet werden, je nach Vorliebe der Lehrperson bzw. der Klasse.

Differenzierung der Aufgaben:

Innerhalb der Bereiche gibt es drei Schwierigkeitsstufen zur Differenzierung.

⊙ = grundlegendes Niveau ! = mittleres Niveau ✶ = erweitertes Niveau

- Die Aufgaben zum *grundlegenden Niveau* sollten von allen Schülern bearbeitet werden.
- Aufgaben mit *mittlerem Niveau* bieten Erweiterungen und höhere Anforderungen als das grundlegende Niveau.
- Die Aufgaben des *erweiterten Niveaus* sind sogenannte Expertenaufgaben und enthalten vertiefende oder weiterführende Inhalte.

Je nach Leistungsstand können Sie Stationen auch anders kennzeichnen.

Lösungen:

Wer die Aufgaben der Schüler korrigiert, hängt zum einen von der Lerngruppe und zum anderen von den Vorlieben des unterrichtenden Lehrers ab. So kann dieser die Verbesserung der Schüleraufgaben selbst übernehmen, oder diese Aufgabe in die Verantwortung der Schüler übergeben. In diesem Fall haben Sie die Möglichkeit, die Karten einfach auszuschneiden und zu laminieren. Die passende Lösung befindet sich dann direkt auf der Rückseite der Aufgabe. Das fördert die einfache Selbstkontrolle. Alternativ können Sie die Seiten jedoch auch kopieren und die Lösungen, für die Schüler erkenntlich markiert, an einem anderen Ort positionieren.

KOHL VERLAG Stationenlernen WIRTSCHAFT 9.-10. Schuljahr – Bestell-Nr. 11 775

Name: ______________________________ Klasse: _____________

Stationen-Laufzettel

⊙ Grundlegendes Niveau

Station	Stationsname	erledigt	korrigiert

! Mittleres Niveau

Station	Stationsname	erledigt	korrigiert

✶ Erweitertes Niveau

Station	Stationsname	erledigt	korrigiert

Name: ______________________________ Klasse: ____________

Stationen-Laufzettel

Station	Stationsname	erledigt am	korrigiert

Station	Stationsname	erledigt am	korrigiert

I. Bedürfnisse und Bedarf (Teil 1)

Wir Menschen haben **Bedürfnisse** der verschiedensten Art.

Viele dieser Bedürfnisse müssen wir befriedigen, um leben zu können. Zum Beispiel muss jeder Mensch essen und trinken. Solche Bedürfnisse nennt man **Existenzbedürfnisse**. Güter und Dienstleistungen, mit denen wir diese Bedürfnisse befriedigen können, sind Nahrung, Kleidung, Wohnraum und in der heutigen Zeit auch ein gewisses Maß an Bildung.

Bedürfnisse, die nicht unbedingt befriedigt werden müssen, die wir aber befriedigen wollen, um zu unserer Gesellschaft zu gehören, sind die **Kulturbedürfnisse**. Bücher und Theaterbesuche sind mögliche Güter und Dienstleistungen, die wir für die Befriedigung von Kulturbedürfnissen brauchen.

Luxusbedürfnisse werden die Bedürfnisse genannt, die wir befriedigen wollen, um zu genießen. Reisen, Schmuck, Süßigkeiten sind mögliche Güter und Dienstleistungen, mit denen wir unsere Luxusbedürfnisse befriedigen können.

Ein Gut oder eine Dienstleistung kann häufig auch mehrere Bedürfnisse befriedigen.

Aufgabe 1: *Finde vier Güter oder Dienstleistungen, mit denen mehrere Bedürfnisse befriedigt werden können.*

____

____

____

Aufgabe 2: *In den folgenden Fallbeispielen empfinden die Personen jeweils einen Mangel. Stelle fest, um welche Bedürfnisse es sich dabei handelt. Mit welchem Gut oder welcher Dienstleistung können die Bedürfnisse befriedigt werden?*

	Fallbeispiel	Bedürfnis	Güter/Dienstleistungen
1.	Herr B. hat Hunger.		
2.	Frau C. wünscht sich etwas, womit sie ihrem Mann gefallen könnte.		
3.	Marvin hat große Probleme in der Schule, vor allem in Deutsch.		
4.	Herr X. hat das Gefühl, „urlaubsreif“ zu sein.		
5.	Es ist Winter. Joana friert.		
6.	Frau Z. (75 Jahre) fühlt sich einsam.		

KOHL VERLAG Lernen mit Erfolg
Stationenlernen WIRTSCHAFT
9.-10. Schuljahr – Bestell-Nr. 11 775

I. Bedürfnisse und Bedarf (Teil 1)

Lösungen

Wir Menschen haben **Bedürfnisse** der verschiedensten Art.

Viele dieser Bedürfnisse müssen wir befriedigen, um leben zu können. Zum Beispiel muss jeder Mensch essen und trinken. Solche Bedürfnisse nennt man **Existenzbedürfnisse**. Güter und Dienstleistungen, mit denen wir diese Bedürfnisse befriedigen können, sind Nahrung, Kleidung, Wohnraum und in der heutigen Zeit auch ein gewisses Maß an Bildung.

Bedürfnisse, die nicht unbedingt befriedigt werden müssen, die wir aber befriedigen wollen, um zu unserer Gesellschaft zu gehören, sind die **Kulturbedürfnisse**. Bücher und Theaterbesuche sind mögliche Güter und Dienstleistungen, die wir für die Befriedigung von Kulturbedürfnissen brauchen.

Luxusbedürfnisse werden die Bedürfnisse genannt, die wir befriedigen wollen, um zu genießen. Reisen, Schmuck, Süßigkeiten sind mögliche Güter und Dienstleistungen, mit denen wir unsere Luxusbedürfnisse befriedigen können.

Ein Gut oder eine Dienstleistung kann häufig auch mehrere Bedürfnisse befriedigen.

Aufgabe 1: *Finde vier Güter oder Dienstleistungen, mit denen mehrere Bedürfnisse befriedigt werden können.*

Mögliche Lösungen: Auto (Existenz- und Luxusbedürfnis), Torte (Existenz- und Luxusbedürfnis), Computer (Existenz-, Kultur- und Luxusbedürfnis), neueste CD einer Musikgruppe (Kultur- und Luxusbedürfnis)

Aufgabe 2: *In den folgenden Fallbeispielen empfinden die Personen jeweils einen Mangel. Stelle fest, um welche Bedürfnisse es sich dabei handelt. Mit welchem Gut oder welcher Dienstleistung können die Bedürfnisse befriedigt werden?*

	Fallbeispiel	Bedürfnis	Güter/Dienstleistungen
1.	Herr B. hat Hunger.	**Existenzbedürfnis**	**Nahrungsmittel wie Brot, Erbsensuppe, Obst**
2.	Frau C. wünscht sich etwas, womit sie ihrem Mann gefallen könnte.	**Luxusbedürfnis**	**Schmuck, Kleidung, Frisörbesuch**
3.	Marvin hat große Probleme in der Schule, vor allem in Deutsch.	**Existenzbedürfnis, Kulturbedürfnis**	**Nachhilfe**
4.	Herr X. hat das Gefühl, „urlaubsreif“ zu sein.	**Existenzbedürfnis, Kulturbedürfnis, Luxusbedürfnis**	**eine Reise, Kur, Urlaub zu Hause**
5.	Es ist Winter. Joana friert.	**Existenzbedürfnis**	**warme Kleidung, beheizte Wohnung**
6.	Frau Z. (75 Jahre) fühlt sich einsam.	**Existenzbedürfnis, Kulturbedürfnis**	**Telefon, um Freunde und Verwandte einzuladen, Seniorentreff**

Stationenlernen WIRTSCHAFT 9.-10. Schuljahr – Bestell-Nr. 11 775
KOHL VERLAG

I. Bedürfnisse und Bedarf (Teil 2)

Wirtschaft geht uns alle an

Bedürfnisse lassen sich aber auch in **Primärbedürfnisse** und **Sekundärbedürfnisse** einteilen. Dabei ist es nicht wichtig, ob die Bedürfnisse lebensnotwendig sind, oder ob wir sie befriedigen, um zu unserer Gesellschaft zu gehören oder um zu genießen.

Primärbedürfnisse sind Bedürfnisse, die uns angeboren sind. **Sekundärbedürfnisse** sind Bedürfnisse, die wir dazugelernt haben.

Aufgabe 3: *Welche dieser Bedürfnisse sind Primär-, welche Sekundärbedürfnisse? Ordne zu. Vielleicht fallen dir noch weitere Primär- und Sekundärbedürfnisse ein.*

Bedürfnis, fernzusehen – Bedürfnis nach Schlaf – Bedürfnis, zu essen und zu trinken – Bedürfnis, Schokolade zu essen – Bedürfnis, zu lernen – Bedürfnis, zu telefonieren – Bedürfnis nach Zuwendung und Geborgenheit – Bedürfnis, sich mitzuteilen – Bedürfnis, Computerspiele zu spielen – Bedürfnis nach Wärme

Primärbedürfnisse	Sekundärbedürfnisse

Aufgabe 4: *Können Bedürfnisse immer befriedigt werden? Fülle dazu den Lückentext mit den Lückenwörtern aus. Übertrage den Text in dein Heft/in deinen Ordner.*

Nachfrage – unmöglich – beseitigt – Person – finanziellen – Bedarf – große – Bedürfnis – befriedigt – gedeckt – befriedigen

Eine ____________ empfindet einen Mangel, der ________________ werden soll. Man sagt auch, diese Person hat ein _________________. Aber Bedürfnisse können nicht immer ____________________ werden. Weltweiter Frieden ist ein Bedürfnis, das viele Menschen haben, dessen Befriedigung aber fast _______________ ist. Zu ______________ Gruppen wären an der Befriedigung dieses Bedürfnisses beteiligt.

Anders der Bedarf: Sofern die ____________________ Mittel zur Verfügung stehen, kann der ___________________ immer ______________ werden. Der Bedarf ist die kaufkräftige _____________________ nach Gütern, die unsere Bedürfnisse ____________________.

Stationenlernen WIRTSCHAFT
9.-10. Schuljahr – Bestell-Nr. 11 775
KOHL VERLAG

I. Bedürfnisse und Bedarf (Teil 2)

Bedürfnisse lassen sich aber auch in **Primärbedürfnisse** und **Sekundärbedürfnisse** einteilen. Dabei ist es nicht wichtig, ob die Bedürfnisse lebensnotwendig sind, oder ob wir sie befriedigen, um zu unserer Gesellschaft zu gehören oder um zu genießen.

Primärbedürfnisse sind Bedürfnisse, die uns angeboren sind. **Sekundärbedürfnisse** sind Bedürfnisse, die wir dazugelernt haben.

Aufgabe 3: *Welche dieser Bedürfnisse sind Primär-, welche Sekundärbedürfnisse? Ordne zu. Vielleicht fallen dir noch weitere Primär- und Sekundärbedürfnisse ein.*

Bedürfnis, fernzusehen – Bedürfnis nach Schlaf – Bedürfnis, zu essen und zu trinken – Bedürfnis, Schokolade zu essen – Bedürfnis, zu lernen – Bedürfnis, zu telefonieren – Bedürfnis nach Zuwendung und Geborgenheit – Bedürfnis, sich mitzuteilen – Bedürfnis, Computerspiele zu spielen – Bedürfnis nach Wärme

Primärbedürfnisse	Sekundärbedürfnisse
Bedürfnis nach Schlaf	**Bedürfnis, fernzusehen**
Bedürfnis, zu essen und zu trinken	**Bedürfnis, Schokolade zu essen**
Bedürfnis, zu lernen	**Bedürfnis, zu telefonieren**
Bedürfnis nach Zuwendung und Geborgenheit	**Bedürfnis, Computerspiele zu spielen**
Bedürfnis, sich mitzuteilen	
Bedürfnis nach Wärme	

Aufgabe 4: *Können Bedürfnisse immer befriedigt werden? Fülle dazu den Lückentext mit den Lückenwörtern aus. Übertrage den Text in dein Heft/in deinen Ordner.*

Nachfrage – unmöglich – beseitigt – Person – finanziellen – Bedarf – große – Bedürfnis – befriedigt – gedeckt – befriedigen

Eine **Person** empfindet einen Mangel, der **beseitigt** werden soll. Man sagt auch, diese Person hat ein **Bedürfnis** . Aber Bedürfnisse können nicht immer **befriedigt** werden. Weltweiter Frieden ist ein Bedürfnis, das viele Menschen haben, dessen Befriedigung aber fast **unmöglich** ist. Zu **große** Gruppen wären an der Befriedigung dieses Bedürfnisses beteiligt.

Anders der Bedarf: Sofern die **finanziellen** Mittel zur Verfügung stehen, kann der **Bedarf** immer **gedeckt** werden. Der Bedarf ist die kaufkräftige **Nachfrage** nach Gütern, die unsere Bedürfnisse **befriedigen**.

Stationenlernen WIRTSCHAFT
9.-10. Schuljahr – Bestell-Nr. 11 775
KOHL VERLAG

II. Die Produktionsfaktoren

Wirtschaft geht uns alle an

Aufgabe 1: *Fülle den Lückentext mit den Lückenwörtern aus.*

Kapital – Natur – Leistungen – Arbeit – Menschen – Güter – zusammenwirken – Boden

Möchte der wirtschaftende Mensch __________ herstellen, so muss er drei Faktoren ______________ lassen: Natur, Arbeit und Kapital.
Unter __________ sind alle wirtschaftlichen ____________ von ____________ zu verstehen, für die Lohn gezahlt wird.
Die __________ als Produktionsfaktor umfasst die Sonne, die Weltmeere, die Luft (z.B. zur Stickstoffgewinnung) und den __________ (Bodenschätze: Kohle, Öl, Erze sowie als Standort für Unternehmen). Anlagen, Maschinen, Werkzeuge aller Art, also vom Menschen produzierte Güter, die im Produktionsprozess eingesetzt werden, gehören zum Produktionsfaktor ______________.

Aufgabe 2: *Wie wirken die drei Produktionsfaktoren in den folgenden Beispielen zusammen?*

Beispiel: Stickstoffgewinnung aus der Luft
Aus der Luft (Natur) wird mit technischen Anlagen (Kapital) Stickstoff gewonnen. Die Anlagen werden von Facharbeitern (Arbeit) bedient.

a) Fischfang auf den Weltmeeren

____

____

b) Abbau von Bodenschätzen

____

____

c) Nutzung der Sonnenenergie zur Stromerzeugung

____

____

Aufgabe 3: *Frau P. ist Hausfrau und Mutter. Sie bekocht ihre Familie, putzt, wäscht Wäsche und erledigt alle weiteren im Haushalt anfallenden Arbeiten. Nur warum ist ihre im Haushalt geleistete Arbeit im wirtschaftlichen Sinne kein Produktionsfaktor?*

____

____

____

Stationenlernen WIRTSCHAFT
9.-10. Schuljahr – Bestell-Nr. 11 775
KOHL VERLAG

II. Die Produktionsfaktoren

Aufgabe 1: *Fülle den Lückentext mit den Lückenwörtern aus.*

Kapital – Natur – Leistungen – Arbeit – Menschen – Güter – zusammenwirken – Boden

Möchte der wirtschaftende Mensch **Güter** herstellen, so muss er drei Faktoren **zusammenwirken** lassen: Natur, Arbeit und Kapital.
Unter **Arbeit** sind alle wirtschaftlichen **Leistungen** von **Menschen** zu verstehen, für die Lohn gezahlt wird.
Die **Natur** als Produktionsfaktor umfasst die Sonne, die Weltmeere, die Luft (z.B. zur Stickstoffgewinnung) und den **Boden** (Bodenschätze: Kohle, Öl, Erze sowie als Standort für Unternehmen). Anlagen, Maschinen, Werkzeuge aller Art, also vom Menschen produzierte Güter, die im Produktionsprozess eingesetzt werden, gehören zum Produktionsfaktor **Kapital**.

Aufgabe 2: *Wie wirken die drei Produktionsfaktoren in den folgenden Beispielen zusammen?*

Beispiel: Stickstoffgewinnung aus der Luft

Aus der Luft (Natur) wird mit technischen Anlagen (Kapital) Stickstoff gewonnen.
Die Anlagen werden von Facharbeitern (Arbeit) bedient.

a) Fischfang auf den Weltmeeren

Meer mit Fischen (Natur), Fangschiffe und Netze (Kapital), Fischer/Schiffsbesatzung (Arbeit)

b) Abbau von Bodenschätzen

Bodenschätze (Natur), Bohrer, Fördertürme usw. (Kapital), Beschäftigte im Bergbau (Arbeit)

c) Nutzung der Sonnenenergie zur Stromerzeugung

Sonne (Natur), Solaranlagen, Generatoren (Kapital), Facharbeiter in den Elektrizitätswerken (Arbeit)

Aufgabe 3: *Frau P. ist Hausfrau und Mutter. Sie bekocht ihre Familie, putzt, wäscht Wäsche und erledigt alle weiteren im Haushalt anfallenden Arbeiten. Nur warum ist ihre im Haushalt geleistete Arbeit im wirtschaftlichen Sinne kein Produktionsfaktor?*

Für die von Frau P. im Haushalt geleistete Arbeit wird ihr kein Lohn gezahlt. Deswegen gilt Frau P.'s Arbeit im wirtschaftlichen Sinne nicht als Produktionsfaktor.

Stationenlernen WIRTSCHAFT
9.-10. Schuljahr – Bestell-Nr. 11 775
KOHL VERLAG

III. Formen der Arbeitslosigkeit

Arbeitslosigkeit liegt dann vor, wenn Arbeitnehmer, obwohl sie arbeitsfähig und arbeitswillig sind, in keinem Beschäftigungsverhältnis stehen und bei der Agentur für Arbeit arbeitssuchend gemeldet sind. Es wird zwischen verschiedenen Formen der Arbeitslosigkeit unterschieden: saisonale, friktionelle und strukturelle bzw. konjunkturelle Arbeitslosigkeit.

Aufgabe 1: *Vervollständige den Lückentext mit den Lückenwörtern.*

Fortschritt – jahreszeitlich – Bauwirtschaft – Veränderungen – Arbeitnehmer – neuen – Land- und Forstwirtschaft – Arbeitsverhältnis – Beendigung

Saisonale Arbeitslosigkeit ist ______________ bedingt und beschränkt sich auf Arbeitskräfte bestimmter Wirtschaftszweige. Dazu zählen Beschäftigte in der ____________________ ________ , ____________________ usw.. Von friktioneller Arbeitslosigkeit spricht man, wenn ein ______________ nach ______________ des einen Arbeitsverhältnisses nicht sofort im Anschluss daran mit dem neuen ____________________ beginnen kann, bzw. sich erst auf der Suche nach einem ____________ Arbeitsplatz befindet. Strukturelle bzw. konjunkturelle Arbeitslosigkeit entsteht durch ______________ in der Nachfrage (Konjunkturschwankungen) oder durch „arbeitssparenden“ technischen ______________ .

Aufgabe 2: *Um welche Form der Arbeitslosigkeit handelt es sich in diesen Fallbeispielen?*

a) In einigen Regionen arbeiten die meisten Beschäftigten bei Automobilherstellern und ihren Zulieferern. Aufgrund stark gesunkener Nachfrage nach Autos mussten viele Arbeitnehmer entlassen werden. ____________________

b) Herr B. hat Glück gehabt. Nach seiner Entlassung beim Automobilhersteller hat er einen Arbeitsvertrag bei einer Maschinenbaufirma unterschreiben können. Sein neues Arbeitsverhältnis beginnt allerdings erst in vier Monaten. Für diese Zeit ist er bei der Agentur für Arbeit arbeitssuchend gemeldet. ____________________

c) Frau P. arbeitet als landwirtschaftliche Hilfskraft. In den Wintermonaten wird ihre Arbeitskraft nicht benötigt. Sie meldet sich bei der Agentur für Arbeit arbeitssuchend. ____________________

Aufgabe 3: *Welche Form der Arbeitslosigkeit ist für die Arbeitnehmer am ungünstigsten? Begründe deine Antwort.*

____

____

____

Stationenlernen WIRTSCHAFT
9.-10. Schuljahr – Bestell-Nr. 11 775
KOHL VERLAG

III. Formen der Arbeitslosigkeit

Lösungen

Arbeitslosigkeit liegt dann vor, wenn Arbeitnehmer, obwohl sie arbeitsfähig und arbeitswillig sind, in keinem Beschäftigungsverhältnis stehen und bei der Agentur für Arbeit arbeitssuchend gemeldet sind. Es wird zwischen verschiedenen Formen der Arbeitslosigkeit unterschieden: saisonale, friktionelle und strukturelle bzw. konjunkturelle Arbeitslosigkeit.

Aufgabe 1: *Vervollständige den Lückentext mit den Lückenwörtern.*

Fortschritt – jahreszeitlich – Bauwirtschaft – Veränderungen – Arbeitnehmer – neuen – Land- und Forstwirtschaft – Arbeitsverhältnis – Beendigung

Saisonale Arbeitslosigkeit ist **jahreszeitlich** bedingt und beschränkt sich auf Arbeitskräfte bestimmter Wirtschaftszweige. Dazu zählen Beschäftigte in der **Land- und Forstwirtschaft** ________, **Bauwirtschaft** usw.. Von friktioneller Arbeitslosigkeit spricht man, wenn ein **Arbeitnehmer** nach **Beendigung** des einen Arbeitsverhältnisses nicht sofort im Anschluss daran mit dem neuen **Arbeitsverhältnis** beginnen kann, bzw. sich erst auf der Suche nach einem **neuen** Arbeitsplatz befindet. Strukturelle bzw. konjunkturelle Arbeitslosigkeit entsteht durch **Veränderungen** in der Nachfrage (Konjunkturschwankungen) oder durch „arbeitssparenden" technischen **Fortschritt**.

Aufgabe 2: *Um welche Form der Arbeitslosigkeit handelt es sich in diesen Fallbeispielen?*

a) In einigen Regionen arbeiten die meisten Beschäftigten bei Automobilherstellern und ihren Zulieferern. Aufgrund stark gesunkener Nachfrage nach Autos mussten viele Arbeitnehmer entlassen werden.
strukturelle bzw. konjunkturelle Arbeitslosigkeit

b) Herr B. hat Glück gehabt. Nach seiner Entlassung beim Automobilhersteller hat er einen Arbeitsvertrag bei einer Maschinenbaufirma unterschreiben können. Sein neues Arbeitsverhältnis beginnt allerdings erst in vier Monaten. Für diese Zeit ist er bei der Agentur für Arbeit arbeitssuchend gemeldet.
friktionelle Arbeitslosigkeit

c) Frau P. arbeitet als landwirtschaftliche Hilfskraft. In den Wintermonaten wird ihre Arbeitskraft nicht benötigt. Sie meldet sich bei der Agentur für Arbeit arbeitssuchend.
saisonale Arbeitslosigkeit

Aufgabe 3: *Welche Form der Arbeitslosigkeit ist für die Arbeitnehmer am ungünstigsten? Begründe deine Antwort.*

Die strukturelle bzw. konjunkturelle Arbeitslosigkeit. Mögliche Begründungen: kein gleichwertiges Arbeitsplatzangebot in der Region, langfristige Arbeitslosigkeit, Veränderungen sind oft dauerhaft, andere Regionen haben vergleichbare Probleme, sodass dort auch keine Beschäftigung zu finden ist.

IV. Die Arbeitslosenquote

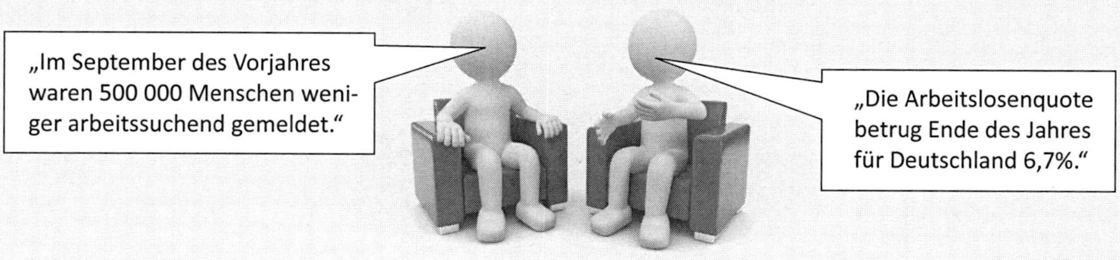

Oft hören oder lesen wir den Begriff „Arbeitslosenquote". Doch was ist damit gemeint?

Aufgabe 1: *Wo hast du den Begriff „Arbeitslosenquote" schon gelesen oder gehört? Konntest du mit den genannten Zahlen etwas anfangen? Beschreibe hier kurz deine Erfahrungen mit der „Arbeitslosenquote".*

____

____

Die Arbeitslosenquote gibt an, wie hoch der Anteil der Arbeitslosen an allen möglichen Arbeitnehmern ist, die für den Arbeitsmarkt zur Verfügung stehen.

$$\frac{\text{Anzahl der Arbeitslosen}}{(\text{Anzahl der Arbeitslosen} + \text{Anzahl der Erwerbstätigen}) \cdot 100\,\%} = \text{Arbeitslosenquote in Prozent}$$

Aufgabe 2: *2012 gab es 41,6 Millionen Erwerbstätige und 2,9 Millionen Arbeitslose. Berechne die Arbeitslosenquote für das Jahr 2012.*

____

Aufgabe 3: *Was sagt die Arbeitslosenquote aus Aufgabe 2 für das Jahr 2012 aus?*

____

____

Aufgabe 4: *Marvin und Mirja haben im Internet Arbeitslosenquoten für die letzten Jahre gefunden. Sie möchten sie gerne in einer Tabelle ordnen und in einem Säulendiagramm grafisch darstellen. Welche Aussagen können sie nach getaner Arbeit über die Arbeitslosenquoten der letzten Jahre treffen? Unterstütze die beiden bei ihrer Aufgabe.*

2008: 7,8%	2010: 7,7%	2013: 6,9%
2011: 7,1%	2012: 6,6%	2009: 8,1%

Stationenlernen WIRTSCHAFT
9.-10. Schuljahr – Bestell-Nr. 11 775
KOHL VERLAG

IV. Die Arbeitslosenquote

Wirtschaft geht uns alle an

Lösungen

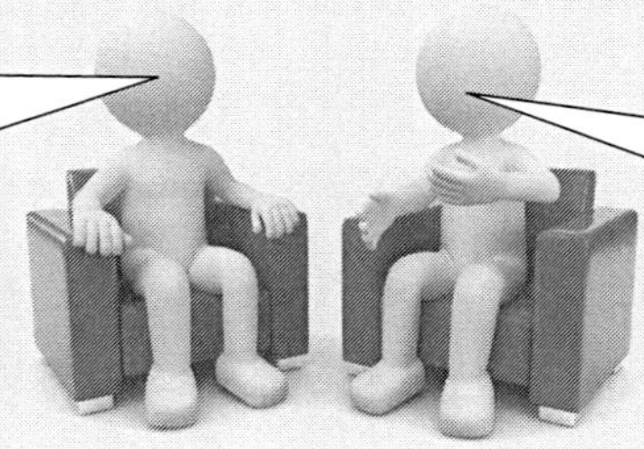

Oft hören oder lesen wir den Begriff „Arbeitslosenquote". Doch was ist damit gemeint?

Aufgabe 1: *Wo hast du den Begriff „Arbeitslosenquote" schon gelesen oder gehört? Konntest du mit den genannten Zahlen etwas anfangen? Beschreibe hier kurz deine Erfahrungen mit der „Arbeitslosenquote".*

Individuelle Lösungen.

> Die Arbeitslosenquote gibt an, wie hoch der Anteil der Arbeitslosen an allen möglichen Arbeitnehmern ist, die für den Arbeitsmarkt zur Verfügung stehen.
>
> $$\frac{\text{Anzahl der Arbeitslosen}}{(\text{Anzahl der Arbeitslosen} + \text{Anzahl der Erwerbstätigen}) \cdot 100\,\%} = \text{Arbeitslosenquote in Prozent}$$

Aufgabe 2: *2012 gab es 41,6 Millionen Erwerbstätige und 2,9 Millionen Arbeitslose. Berechne die Arbeitslosenquote für das Jahr 2012.*

Je nach Rundung: 6,6 %

Aufgabe 3: *Was sagt die Arbeitslosenquote aus Aufgabe 2 für das Jahr 2012 aus?*

2012 betrug der Anteil der Arbeitslosen an allen möglichen Arbeitnehmern, die für den Arbeitsmarkt zur Verfügung standen, 6,6%.

Aufgabe 4: *Marvin und Mirja haben im Internet Arbeitslosenquoten für die letzten Jahre gefunden. Sie möchten sie gerne in einer Tabelle ordnen und in einem Säulendiagramm grafisch darstellen. Welche Aussagen können sie nach getaner Arbeit über die Arbeitslosenquoten der letzten Jahre treffen? Unterstütze die beiden bei ihrer Aufgabe.*

2008: 7,8%	2010: 7,7%	2013: 6,9%
2011: 7,1%	2012: 6,6%	2009: 8,1%

Mögliche Lösungen:

- **Die Arbeitslosenquote schwankte von 2008 – 2013 zwischen 6,6% und 8,1%.**
- **Die Arbeitslosenquote (2008 – 2013) war im Jahr 2009 mit 8,1% am höchsten und im Jahr 2012 mit 6,6% am niedrigsten.**
- **Die Arbeitslosenquote nahm im Zeitraum von 2008 bis 2009 etwas zu, im Zeitraum von 2009 bis 2013 dann stetig ab.**

Stationenlernen WIRTSCHAFT
9.-10. Schuljahr – Bestell-Nr. 11 775
KOHL VERLAG

V. Werbung (Teil 1)

Werbung soll Menschen auf einen bestimmten Werbezweck hin beeinflussen. Dabei wird zwischen Wirtschaftswerbung und Propaganda unterschieden. Wirtschaftswerbung dient wirtschaftlichen Zwecken, während Propaganda politischen und kulturellen Zwecken dient.

Zu den Werbemitteln gehören Schrift- und Bildwerbemittel wie Plakate, Anzeigen oder auch Werbefilme. Akustische Werbemittel und Schaufenster sind ebenfalls gängige Werbemittel.

Die Werbung wird über die sogenannten Werbeträger verbreitet. Als Werbeträger werden die Presse (Zeitungen, Zeitschriften), Fernsehen, Kino, Hörfunk, Messen und die Post eingesetzt.

Aufgabe 1: *Worum handelt es sich bei den folgenden Beispielen – um Propaganda oder um Wirtschaftswerbung?*

a) Ein Automobilhersteller wirbt für sein neu auf den Markt kommendes Modell. ____________________

b) Parteien werben vor Wahlen. ____________________

c) Ein Schokoladenhersteller wirbt im Fernsehen für seine neueste Pralinen-Mischung. ____________________

Aufgabe 2: *Unterstreiche die Werbemittel in den Beispielen rot und die Werbeträger grün.*

- Im Fernsehen läuft regelmäßig ein neuer Werbefilm für ein neues Diätmittel.
- Die Werbeanzeige für Badewannenlifte in einer Zeitschrift verspricht einen bequemen Ein- und Ausstieg aus der Badewanne.
- Der Postzusteller verteilt Werbeprospekte eines Kinderausstatters.
- Im Radio wird kurz vor den Nachrichten für eine bestimmte Lebensversicherung geworben.

Jedes Produkt hat besondere Eigenschaften. Ein wesentliches Ziel der Werbung ist es, diese Eigenschaften hervorzuheben, z.B. sooo cremig.

Aufgabe 3: *Fallen dir noch weitere Produkteigenschaften ein, die in der zur Zeit laufenden Werbung hervorgehoben werden?*

____

____

Stationenlernen WIRTSCHAFT
9.-10. Schuljahr – Bestell-Nr. 11 775
Lernen mit Erfolg KOHL VERLAG

V. Werbung (Teil 1)

Wirtschaft geht uns alle an

Lösungen

Werbung soll Menschen auf einen bestimmten Werbezweck hin beeinflussen. Dabei wird zwischen Wirtschaftswerbung und Propaganda unterschieden. Wirtschaftswerbung dient wirtschaftlichen Zwecken, während Propaganda politischen und kulturellen Zwecken dient.

Zu den Werbemitteln gehören Schrift- und Bildwerbemittel wie Plakate, Anzeigen oder auch Werbefilme. Akustische Werbemittel und Schaufenster sind ebenfalls gängige Werbemittel.

Die Werbung wird über die sogenannten Werbeträger verbreitet. Als Werbeträger werden die Presse (Zeitungen, Zeitschriften), Fernsehen, Kino, Hörfunk, Messen und die Post eingesetzt.

Aufgabe 1: *Worum handelt es sich bei den folgenden Beispielen – um Propaganda oder um Wirtschaftswerbung?*

a) Ein Automobilhersteller wirbt für sein neu auf den Markt kommendes Modell. — **Wirtschaftswerbung**

b) Parteien werben vor Wahlen. — **Propaganda**

c) Ein Schokoladenhersteller wirbt im Fernsehen für seine neueste Pralinen-Mischung. — **Wirtschaftswerbung**

Aufgabe 2: *Unterstreiche die Werbemittel in den Beispielen rot und die Werbeträger grün.*

- Im Fernsehen läuft regelmäßig ein neuer Werbefilm für ein neues Diätmittel.
- Die Werbeanzeige für Badewannenlifte in einer Zeitschrift verspricht einen bequemen Ein- und Ausstieg aus der Badewanne.
- Der Postzusteller verteilt Werbeprospekte eines Kinderausstatters.
- Im Radio wird kurz vor den Nachrichten für eine bestimmte Lebensversicherung geworben.

═	grün
—	rot

Jedes Produkt hat besondere Eigenschaften. Ein wesentliches Ziel der Werbung ist es, diese Eigenschaften hervorzuheben, z.B. sooo cremig.

Aufgabe 3: *Fallen dir noch weitere Produkteigenschaften ein, die in der zur Zeit laufenden Werbung hervorgehoben werden?*

Mögliche Lösungen: „Schaltet den Schmerz ab, aber schnell!", „Wir sind immer da, wenn Sie uns brauchen!", „Löst den festsitzenden Schleim und lindert den Hustenreiz."

Stationenlernen WIRTSCHAFT
9.-10. Schuljahr – Bestell-Nr. 11 775
KOHL VERLAG

V. Werbung (Teil 2)

Aufgabe 4: *Hast du auch schon einmal die Erfahrung gemacht, dass in der Werbung mehr versprochen wurde, als das beworbene Produkt nachher halten konnte? Beschreibe kurz, um welche Werbung und welches Produkt es sich handelte und wie deine Erfahrung damit war.*

____

____

____

Verspricht Werbung mehr, als das Produkt nachher halten kann oder weichen die Aussagen der Werbung von sachlichen Informationen ab, so spricht man auch von einer Manipulation.

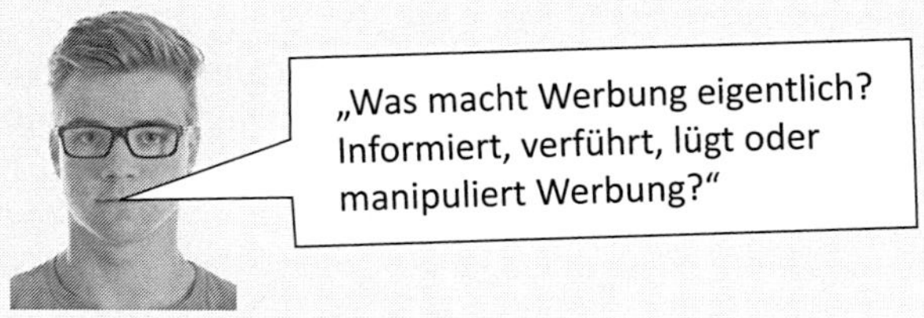

Aufgabe 5: *Was Werbung macht, und wie Werbung arbeitet, erfährst du, wenn du den folgenden Lückentext ausfüllst.*

Gefühl – selber – informiert – Entscheidung – Verbraucher – gelogen – Hilfe – versprochen – richtigen – verführen – Jugendliche – dringend – beworbenen – geweckt – bewegen – Interesse – bekannt – Übersicht

Werbung ______________ den Verbraucher über auf dem Markt vorhandene Produkte und Dienstleistungen und ihre Eigenschaften. Werbung kann für den ______________ eine ___________ sein, die für ihn ______________ Produkte und Dienstleistungen auszuwählen. Werbung wendet sich immer an bestimmte Gruppen wie Senioren, Hausfrauen/-männer, ______________ usw., um sie zum Kauf der ______________ Produkte zu ____________.
Werbung kann auch der Marktübersicht dienen. Hersteller haben einerseits die Möglichkeit, ihre Produkte ____________ zu machen, andererseits erhalten Verbraucher eine ____________ über Waren und Dienstleistungen.
Auf jeden Fall sollen ____________ und Neugier bei den Verbrauchern für die beworbenen Produkte und Dienstleistungen ____________ werden. Die Verbraucher sollen das ____________ bekommen, das beworbene Produkt ____________ zu brauchen, um sich z.B. wohlfühlen zu können. In solchen Fällen kann man auch davon ausgehen, dass Werbung versucht zu ____________.
Manchmal halten die Produkte nicht das, was in der Werbung ____________ wurde. Dann hat die Werbung absichtlich oder unabsichtlich ____________ bzw. versucht zu manipulieren. Die ______________ für oder gegen ein Produkt liegt jedoch beim Käufer ____________.

Aufgabe 6: *Gab es für dich schon einmal eine Werbung, von der du sagen würdest, dass sie dich über das Produkt gut informiert hat? Beschreibe auch kurz, um welches Produkt und welche Werbung es sich handelte und wie deine Erfahrung damit war. Schreibe in dein Heft/in deinen Ordner.*

KOHL VERLAG Stationenlernen WIRTSCHAFT
9.-10. Schuljahr – Bestell-Nr. 11 775

V. Werbung (Teil 2)

Lösungen

Aufgabe 4: *Hast du auch schon einmal die Erfahrung gemacht, dass in der Werbung mehr versprochen wurde, als das beworbene Produkt nachher halten konnte? Beschreibe kurz, um welche Werbung und welches Produkt es sich handelte und wie deine Erfahrung damit war.*

Individuelle Lösungen.

Verspricht Werbung mehr, als das Produkt nachher halten kann oder weichen die Aussagen der Werbung von sachlichen Informationen ab, so spricht man auch von einer Manipulation.

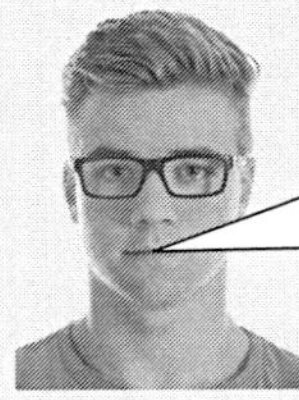

„Was macht Werbung eigentlich? Informiert, verführt, lügt oder manipuliert Werbung?"

Aufgabe 5: *Was Werbung macht, und wie Werbung arbeitet, erfährst du, wenn du den folgenden Lückentext ausfüllst.*

Gefühl – selber – informiert – Entscheidung – Verbraucher – gelogen – Hilfe – versprochen – richtigen – verführen – Jugendliche – dringend – beworbenen – geweckt – bewegen – Interesse – bekannt – Übersicht

Werbung **informiert** den Verbraucher über auf dem Markt vorhandene Produkte und Dienstleistungen und ihre Eigenschaften. Werbung kann für den **Verbraucher** eine **Hilfe** sein, die für ihn **richtigen** Produkte und Dienstleistungen auszuwählen. Werbung wendet sich immer an bestimmte Gruppen wie Senioren, Hausfrauen/-männer, **Jugendliche** usw., um sie zum Kauf der **beworbenen** Produkte zu **bewegen**.
Werbung kann auch der Marktübersicht dienen. Hersteller haben einerseits die Möglichkeit, ihre Produkte **bekannt** zu machen, andererseits erhalten Verbraucher eine **Übersicht** über Waren und Dienstleistungen.
Auf jeden Fall sollen **Interesse** und Neugier bei den Verbrauchern für die beworbenen Produkte und Dienstleistungen **geweckt** werden. Die Verbraucher sollen das **Gefühl** bekommen, das beworbene Produkt **dringend** zu brauchen, um sich z.B. wohlfühlen zu können. In solchen Fällen kann man auch davon ausgehen, dass Werbung versucht zu **verführen**.
Manchmal halten die Produkte nicht das, was in der Werbung **versprochen** wurde. Dann hat die Werbung absichtlich oder unabsichtlich **gelogen** bzw. versucht zu manipulieren.
Die **Entscheidung** für oder gegen ein Produkt liegt jedoch beim Käufer **selber**.

Aufgabe 6: *Gab es für dich schon einmal eine Werbung, von der du sagen würdest, dass sie dich über das Produkt gut informiert hat? Beschreibe auch kurz, um welches Produkt und welche Werbung es sich handelte und wie deine Erfahrung damit war. Schreibe in dein Heft/in deinen Ordner.*

Lösungsvorschlag: Es sollte eine neue CD meiner Lieblingsgruppe auf den Markt kommen. Auch mein absoluter Lieblingshit sollte auf der CD sein. Außerdem wusste ich nun, wann die CD im Handel zu bekommen war.

Stationenlernen WIRTSCHAFT
9.-10. Schuljahr – Bestell-Nr. 11 775
KOHL VERLAG

V. Werbung (Teil 3)

In der Werbung wird mit unterschiedlichen **Werbestilen** gearbeitet.

Aufgabe 7: *Lies die Textkästen unten auf dieser Seite sorgfältig durch, schneide sie aus und ordne sie den entsprechenden Werbestilen zu. Finde dann zu jedem Werbestil ein aktuelles Beispiel.*

Werbestil	Wie arbeitet dieser Werbestil?
1. Leitbild-Werbung Beispiel: ______________ ______________	
2. Situative Werbung Beispiel: ______________ ______________	
3. Repräsentationswerbung Beispiel: ______________ ______________	
4. Mangelwerbung Beispiel: ______________ ______________	
5. Überraschungswerbung Beispiel: ______________ ______________	

Dieser Werbestil nutzt die Bekanntheit von Schauspielern, Sportlern, Sängern, Talk- und Showmastern.	Durch Witze, Überraschungen, Worte und Gags soll Aufmerksamkeit geweckt und der Kunde zum Kaufen verleitet werden.
Dieser Werbestil zeigt Situationen, z.B. ein toll gepflegter Garten, eine glänzende Küche usw.. Der mögliche Käufer soll glauben, dass er es genau so schön haben kann, wenn er das Produkt kauft.	Dieser Werbestil versucht dem Käufer einzureden, dass ihm oder in seinem Haushalt etwas fehlt.
Dieser Werbestil nutzt den Erfolg und das Ansehen des Unternehmens sowie die Qualität der Ware. Es werden Farben wie Grau, Weiß, Gold und Silber verwendet. Dem Käufer soll die Verlässlichkeit des Produkts vermittelt werden.	

Stationenlernen WIRTSCHAFT
9.-10. Schuljahr – Bestell-Nr. 11 775
KOHL VERLAG

V. Werbung (Teil 3)

Lösungen

In der Werbung wird mit unterschiedlichen **Werbestilen** gearbeitet.

Aufgabe 7: *Lies die Textkästen unten auf dieser Seite sorgfältig durch, schneide sie aus und ordne sie den entsprechenden Werbestilen zu. Finde dann zu jedem Werbestil ein aktuelles Beispiel.*

Werbestil	Wie arbeitet dieser Werbestil?
1. Leitbild-Werbung Beispiel: **individuelle Angaben**	Dieser Werbestil nutzt die Bekanntheit von Schauspielern, Sportlern, Sängern, Talk- und Showmastern.
2. Situative Werbung Beispiel: **individuelle Angaben**	Dieser Werbestil zeigt Situationen, z.B. ein toll gepflegter Garten, eine glänzende Küche usw.. Der mögliche Käufer soll glauben, dass er es genau so schön haben kann, wenn er das Produkt kauft.
3. Repräsentationswerbung Beispiel: **individuelle Angaben**	Dieser Werbestil nutzt den Erfolg und das Ansehen des Unternehmens sowie die Qualität der Ware. Es werden Farben wie Grau, Weiß, Gold und Silber verwendet. Dem Käufer soll die Verlässlichkeit des Produkts vermittelt werden.
4. Mangelwerbung Beispiel: **individuelle Angaben**	Dieser Werbestil versucht dem Käufer einzureden, dass ihm oder in seinem Haushalt etwas fehlt.
5. Überraschungswerbung Beispiel: **individuelle Angaben**	Durch Witze, Überraschungen, Worte und Gags soll Aufmerksamkeit geweckt und der Kunde zum Kaufen verleitet werden.

✂ ....

Dieser Werbestil nutzt die Bekanntheit von Schauspielern, Sportlern, Sängern, Talk- und Showmastern.	Durch Witze, Überraschungen, Worte und Gags soll Aufmerksamkeit geweckt und der Kunde zum Kaufen verleitet werden.
Dieser Werbestil zeigt Situationen, z.B. ein toll gepflegter Garten, eine glänzende Küche usw.. Der mögliche Käufer soll glauben, dass er es genau so schön haben kann, wenn er das Produkt kauft.	Dieser Werbestil versucht dem Käufer einzureden, dass ihm oder in seinem Haushalt etwas fehlt.
Dieser Werbestil nutzt den Erfolg und das Ansehen des Unternehmens sowie die Qualität der Ware. Es werden Farben wie Grau, Weiß, Gold und Silber verwendet. Dem Käufer soll die Verlässlichkeit des Produkts vermittelt werden.	

KOHL VERLAG Stationenlernen WIRTSCHAFT 9.-10. Schuljahr – Bestell-Nr. 11 775

VI. Vom Einkommen – Brutto- & Nettoeinkommen (Teil 1)

Aufgabe 1: *Fülle den Lückentext mit den Lückenwörtern aus.*

Steuern – Gesamtverdienst – nach – vor – Sozialversicherungsbeiträgen – Einkommen

Das Bruttoeinkommen ist der ____________________.
Es ist das ____________________ ________ dem Abzug von ______________________________ wie Kranken-, Renten-, Arbeitslosen- und Pflegeversicherung und Steuern (Lohn- und Kirchensteuer).
Das Nettoeinkommen ist das Einkommen __________ Abzug von Sozialabgaben und _______________.

Aufgabe 2: *Vervollständige die Formel zur Berechnung des Nettoeinkommens mit Informationen aus Aufgabe 1.*

Bruttoeinkommen	

Aufgabe 3: **a)** *Unterstreiche im folgenden Text alle Informationen, die du für die Berechnung des Nettoeinkommens von Herrn A. und Herrn C. benötigst. Verwende dazu zwei unterschiedliche Farben.*

Herr A. und Herr C. beziehen beide monatlich ein Bruttoeinkommen von 1340 €. Herr A. ist ledig und hat keine Kinder. Herr C. ist verheiratet und hat zwei Kinder. Herr A. und Herr C. bekommen beide von ihrem Bruttoeinkommen 99 € Arbeitnehmerbeitrag zur Krankenversicherung, 130 € Arbeitnehmerbeitrag zur Rentenversicherung, 44 € Arbeitnehmerbeitrag zur Arbeitslosenversicherung und 11 € Arbeitnehmerbeitrag zur Pflegeversicherung abgezogen. Von Herrn A. werden 23 € Lohnsteuer und 2,50 € Kirchensteuer einbehalten. Herr C. zahlt 20 € Lohnsteuer und 1,60 € Kirchensteuer. Er erhält außerdem von der Familienkasse der Agentur für Arbeit 368 € Kindergeld.

Stationenlernen WIRTSCHAFT
9.-10. Schuljahr – Bestell-Nr. 11 775
KOHL VERLAG

VI. Vom Einkommen – Brutto- & Nettoeinkommen (Teil 1)

Aufgabe 1: *Fülle den Lückentext mit den Lückenwörtern aus.*

Steuern – Gesamtverdienst – nach – vor – Sozialversicherungsbeiträgen – Einkommen

Das Bruttoeinkommen ist der **Gesamtverdienst**. Es ist das **Einkommen** **vor** dem Abzug von **Sozialversicherungsbeiträgen** wie Kranken-, Renten-, Arbeitslosen- und Pflegeversicherung und Steuern (Lohn- und Kirchensteuer). Das Nettoeinkommen ist das Einkommen **nach** Abzug von Sozialabgaben und **Steuern**.

Aufgabe 2: *Vervollständige die Formel zur Berechnung des Nettoeinkommens mit Informationen aus Aufgabe 1.*

Bruttoeinkommen	
- Lohnsteuer und Kirchensteuer	
- Sozialabgaben *(Kranken-, Renten-, Arbeitslosen- und Pflegeversicherung)*	
Nettoeinkommen	

Aufgabe 3: *Unterstreiche im folgenden Text alle Informationen, die du für die Berechnung des Nettoeinkommens von Herrn A. und Herrn C. benötigst. Verwende dazu zwei unterschiedliche Farben.*

Herr A. und Herr C. beziehen beide monatlich ein Bruttoeinkommen von 1340 €. Herr A. ist ledig und hat keine Kinder. Herr C. ist verheiratet und hat zwei Kinder. Herr A. und Herr C. bekommen beide von ihrem Bruttoeinkommen 99 € Arbeitnehmerbeitrag zur Krankenversicherung, 130 € Arbeitnehmerbeitrag zur Rentenversicherung, 44 € Arbeitnehmerbeitrag zur Arbeitslosenversicherung und 11 € Arbeitnehmerbeitrag zur Pflegeversicherung abgezogen. Von Herrn A. werden 23 € Lohnsteuer und 2,50 € Kirchensteuer einbehalten. Herr C. zahlt 20 € Lohnsteuer und 1,60 € Kirchensteuer. Er erhält außerdem von der Familienkasse der Agentur für Arbeit 368 € Kindergeld.

Stationenlernen WIRTSCHAFT
9.-10. Schuljahr – Bestell-Nr. 11 775
KOHL VERLAG

VI. Vom Einkommen – Brutto- & Nettoeinkommen (Teil 2)

Aufgabe 4: **a)** *Trage alle Angaben aus Aufgabe 3 in die Tabelle ein und berechne für Herrn A. und Herrn C. das Nettoeinkommen.*

	Herr A. (ledig, keine Kinder)	Herr C. (verheiratet, 2 Kinder)
Bruttoeinkommen		
– Lohnsteuer		
– Kirchensteuer		
– Arbeitnehmerbeitrag zur Rentenversicherung		
– Arbeitnehmerbeitrag zur Arbeitslosenversicherung		
– Arbeitnehmerbeitrag zur Pflegeversicherung		
Nettoeinkommen		
+ Kindergeld		
Auszahlungsbetrag		

b) *Versuche die Unterschiede beim Nettoeinkommen bzw. beim Auszahlungsbetrag zu erklären.*

____

____

____

Aufgabe 5: *Für wen kann bzw. muss das Einkommen im Haushalt von Herrn A. und im Haushalt von Herrn C. verwendet bzw. ausgegeben werden? Wer hat im Endeffekt mehr Geld zur Verfügung, Herr A. oder Herr C.?*

____

____

____

____

KOHL VERLAG Stationenlernen WIRTSCHAFT 9.-10. Schuljahr – Bestell-Nr. 11 775

VI. Vom Einkommen – Brutto- & Nettoeinkommen (Teil 2)

Aufgabe 4: a) *Trage alle Angaben aus Aufgabe 3 in die Tabelle ein und berechne für Herrn A. und Herrn C. das Nettoeinkommen.*

	Herr A. (ledig, keine Kinder)	Herr C. (verheiratet, 2 Kinder)
Bruttoeinkommen	**1340,00 €**	**1340,00 €**
– Lohnsteuer	**23,00 €**	**20,00 €**
– Kirchensteuer	**2,50 €**	**1,60 €**
– Arbeitnehmerbeitrag zur Rentenversicherung	**99,00 €**	**99,00 €**
– Arbeitnehmerbeitrag zur Arbeitslosenversicherung	**44,00 €**	**44,00 €**
– Arbeitnehmerbeitrag zur Pflegeversicherung	**11,00 €**	**11,00 €**
Nettoeinkommen	**1030,50 €**	**1034,40 €**
+ Kindergeld		**368,00 €**
Auszahlungsbetrag	**1030,50 €**	**1402,40 €**

b) *Versuche die Unterschiede beim Nettoeinkommen bzw. beim Auszahlungsbetrag zu erklären.*

Mögliche Lösung: Herr C. ist verheiratet und hat zwei Kinder. Daher muss er weniger Steuern zahlen. Außerdem bekommt er Kindergeld.

Aufgabe 5: *Für wen kann bzw. muss das Einkommen im Haushalt von Herrn A. und im Haushalt von Herrn C. verwendet bzw. ausgegeben werden? Wer hat im Endeffekt mehr Geld zur Verfügung, Herr A. oder Herr C.?*

Im Haushalt von Herrn A. muss das Einkommen nur für eine Person verwendet werden (Miete, Hobbies, Nahrung usw.). Im Haushalt von Herrn C. müssen von diesem Einkommen vier Personen leben. Im Endeffekt hat Herr A. mehr Geld zur Verfügung.

Stationenlernen WIRTSCHAFT
9.-10. Schuljahr – Bestell-Nr. 11 775
KOHL VERLAG

I. Der Markt (Teil 1)

Aufgabe 1: *Fülle den Lückentext mit den Lückenwörtern aus.*

Markt – verkaufen – bezahlen – kaufen – Märkte – handeln – Angebot – anzubieten – Nachfrage – Nachfrage – Kauf

Unser Wort „Markt“ kommt vom althochdeutschen Wort „Markat“. „Markat“ kommt wiederum aus dem Lateinischen. Dort heißen „mercari“ – ____________ und „mercatus“ – Kauf, Handel. Zu fast allen Zeiten hatten die Menschen ____________.

Anbieter kommen mit der Absicht auf den ____________, um ihre Waren ____________ und zu ____________. Käufer kommen mit der Absicht auf den Markt, Waren zu ____________. Sie sind bereit, für die Waren eine bestimmte Summe, einen Preis zu ____________. Dies nennt man ____________.

Bieten die Verkäufer die Waren an, die die Käufer nachfragen, kann ein ____________ zustande kommen.Dies gilt nicht nur für Waren, sondern auch für Dienstleistungen.

Ein Markt ist immer ein Ort, an dem ____________ und ____________ zusammentreffen. Das können Wochenmärkte, Supermärkte, Gaststätten, Tankstellen oder auch Handwerksbetriebe sein.

Aufgabe 2: *Welche Märkte fallen dir noch ein? Was wird dort angeboten und nachgefragt?*

____

____

____

Aufgabe 3: *Kreuze die richtigen Aussagen an.* ☒ Richtig

- ☐ Es gibt nur einen einzigen Markt.
- ☐ Auf einem Markt treffen Angebot und Nachfrage zusammen.
- ☐ Ein Supermarkt ist kein Markt.
- ☐ Käufer sind bereit, für die Waren und Dienstleistungen eine bestimmte Summe, einen Preis zu bezahlen.
- ☐ Die Absicht der Anbieter ist es, auf den Markt zu kommen und Waren zu kaufen.

KOHL VERLAG Stationenlernen WIRTSCHAFT 9.-10. Schuljahr – Bestell-Nr. 11 775

Der Markt und die Marktpreisbildung

I. Der Markt (Teil 1)

Lösungen

Aufgabe 1: *Fülle den Lückentext mit den Lückenwörtern aus.*

Markt – verkaufen – bezahlen – kaufen – Märkte – handeln – Angebot – anzubieten – Nachfrage – Nachfrage – Kauf

Unser Wort „Markt“ kommt vom althochdeutschen Wort „Markat“. „Markat“ kommt wiederum aus dem Lateinischen. Dort heißen „mercari“ – **handeln** und „mercatus“ – Kauf, Handel. Zu fast allen Zeiten hatten die Menschen **Märkte**.

Anbieter kommen mit der Absicht auf den **Markt**, um ihre Waren **anzubieten** und zu **verkaufen**. Käufer kommen mit der Absicht auf den Markt, Waren zu **kaufen**. Sie sind bereit, für die Waren eine bestimmte Summe, einen Preis zu **bezahlen**. Dies nennt man **Nachfrage**.

Bieten die Verkäufer die Waren an, die die Käufer nachfragen, kann ein **Kauf** zustande kommen. Dies gilt nicht nur für Waren, sondern auch für Dienstleistungen.

Ein Markt ist immer ein Ort, an dem **Angebot** und **Nachfrage** zusammentreffen. Das können Wochenmärkte, Supermärkte, Gaststätten, Tankstellen oder auch Handwerksbetriebe sein.

Aufgabe 2: *Welche Märkte fallen dir noch ein? Was wird dort angeboten und nachgefragt?*

Mögliche Lösung: Börse – Wertpapiere, Automarkt – Autos, Textilmarkt – Stoffe, Kleidungsstücke, Geldmarkt – Kredite, Arbeitsmarkt – Angebot und Nachfrage nach Arbeitskräften, Frisör-Geschäft – Angebot und Nachfrage nach neuen Frisuren

Aufgabe 3: *Kreuze die richtigen Aussagen an.* [X] **Richtig**

- [ ] Es gibt nur einen einzigen Markt.
- [X] Auf einem Markt treffen Angebot und Nachfrage zusammen.
- [ ] Ein Supermarkt ist kein Markt.
- [X] Käufer sind bereit, für die Waren und Dienstleistungen eine bestimmte Summe, einen Preis zu bezahlen.
- [ ] Die Absicht der Anbieter ist es, auf den Markt zu kommen und Waren zu kaufen.

KOHL VERLAG Stationenlernen WIRTSCHAFT 9.-10. Schuljahr – Bestell-Nr. 11 775

I. Der Markt (Teil 2)

Die Situation auf einem Markt lässt sich auch grafisch darstellen.

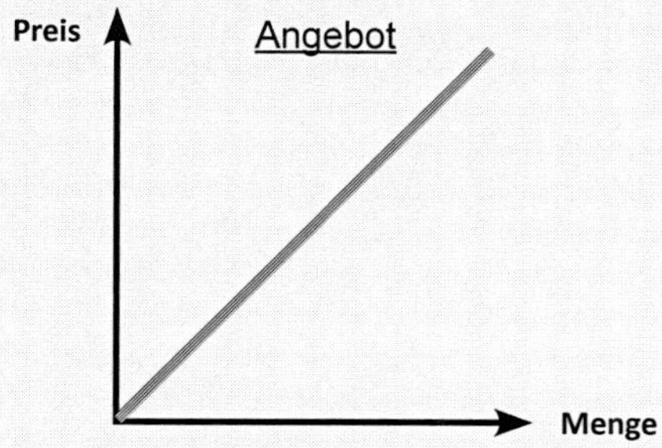

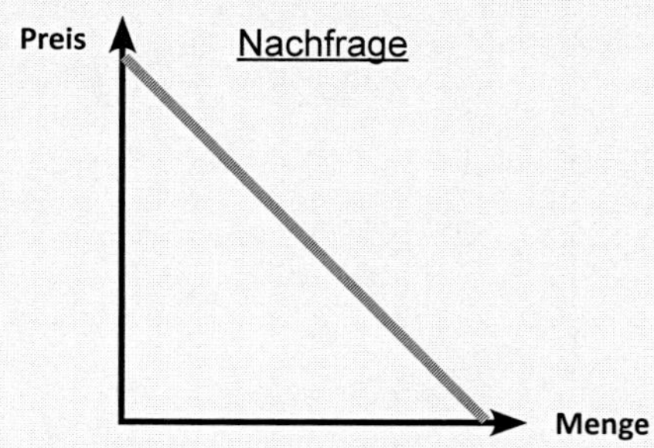

Aufgabe 4: *Zu welcher Grafik gehören die folgenden Aussagen? Schreibe sie zu der jeweils passenden Grafik.*

- Die Verkäufer bieten auf dem Markt ihre Waren an. Sie möchten für ihre Waren einen möglichst hohen Preis erzielen.
- Die Käufer kommen auf den Markt, um Waren zu kaufen. Sie sind bereit, einen Preis für die Waren zu bezahlen. Das Ziel der Käufer ist es, eine möglichst große Warenmenge zu einem möglichst niedrigen Preis zu kaufen.

Aufgabe 5: *Schau dir die Grafiken zu Angebot und Nachfrage genau an. Vervollständige dann die folgenden Sätze mit den Lückenwörtern.*

hoch – hoch – niedrig – niedrig

Es wird eine größere Menge an Waren angeboten, wenn der Preis ___________ ist.

Es wird eine kleinere Menge an Waren angeboten, wenn der Preis ___________ ist.

Die Käufer fragen eine größere Menge an Waren nach, wenn der Preis ___________ ist.

Es wird eine kleinere Menge an Waren nachgefragt, wenn der Preis ___________ ist.

Aufgabe 6: *Ein Markt ist ein Ort, wo Angebot und Nachfrage zusammentreffen. Veranschauliche diese Situation in einer Grafik und beschrifte diese richtig mit den Begriffen Angebot und Nachfrage.*

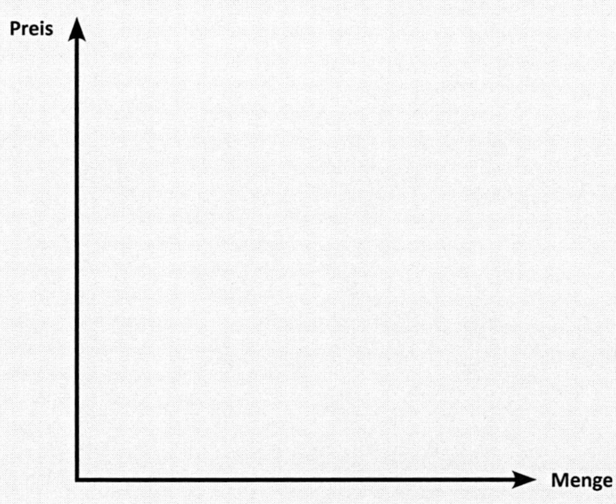

Stationenlernen WIRTSCHAFT
9.-10. Schuljahr – Bestell-Nr. 11 775
KOHL VERLAG

I. Der Markt (Teil 2)

Lösungen

Die Situation auf einem Markt lässt sich auch grafisch darstellen.

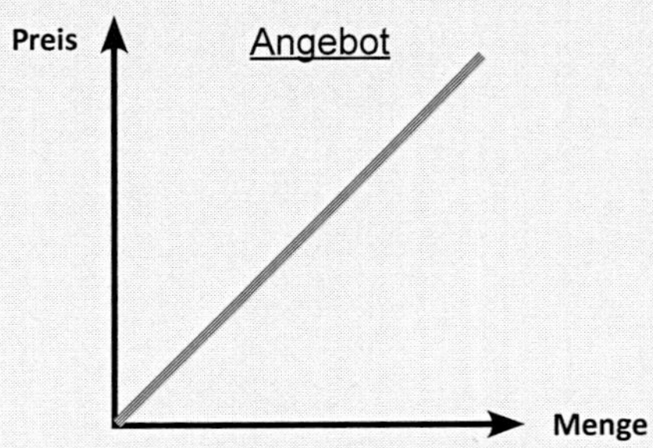

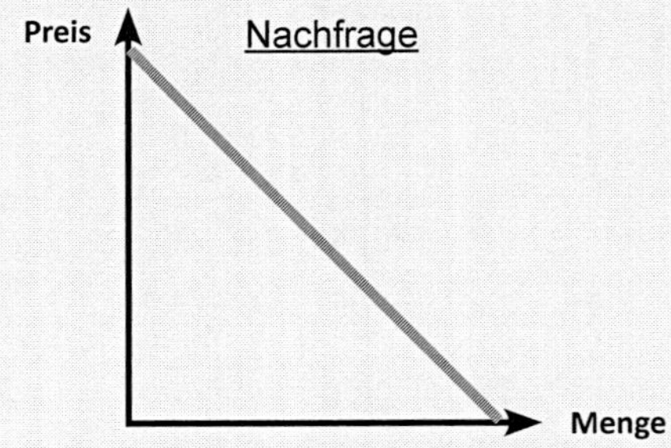

Die Verkäufer bieten auf dem Markt ihre Waren an. Sie möchten für ihre Waren einen möglichst hohen Preis erzielen.

Die Käufer kommen auf den Markt, um Waren zu kaufen. Sie sind bereit, einen Preis für die Waren zu bezahlen. Das Ziel der Käufer ist es, eine möglichst große Warenmenge zu einem möglichst niedrigen Preis zu kaufen.

Aufgabe 4: *Zu welcher Grafik gehören die folgenden Aussagen? Schreibe sie zu der jeweils passenden Grafik.*

- Die Verkäufer bieten auf dem Markt ihre Waren an. Sie möchten für ihre Waren einen möglichst hohen Preis erzielen.
- Die Käufer kommen auf den Markt, um Waren zu kaufen. Sie sind bereit, einen Preis für die Waren zu bezahlen. Das Ziel der Käufer ist es, eine möglichst große Warenmenge zu einem möglichst niedrigen Preis zu kaufen.

Aufgabe 5: *Schau dir die Grafiken zu Angebot und Nachfrage genau an. Vervollständige dann die folgenden Sätze mit den Lückenwörtern.*

hoch – hoch – niedrig – niedrig

Es wird eine größere Menge an Waren angeboten, wenn der Preis **hoch** ist.

Es wird eine kleinere Menge an Waren angeboten, wenn der Preis **niedrig** ist.

Die Käufer fragen eine größere Menge an Waren nach, wenn der Preis **niedrig** ist.

Es wird eine kleinere Menge an Waren nachgefragt, wenn der Preis **hoch** ist.

Aufgabe 6: *Ein Markt ist ein Ort, wo Angebot und Nachfrage zusammentreffen. Veranschauliche diese Situation in einer Grafik und beschrifte diese richtig mit den Begriffen Angebot und Nachfrage.*

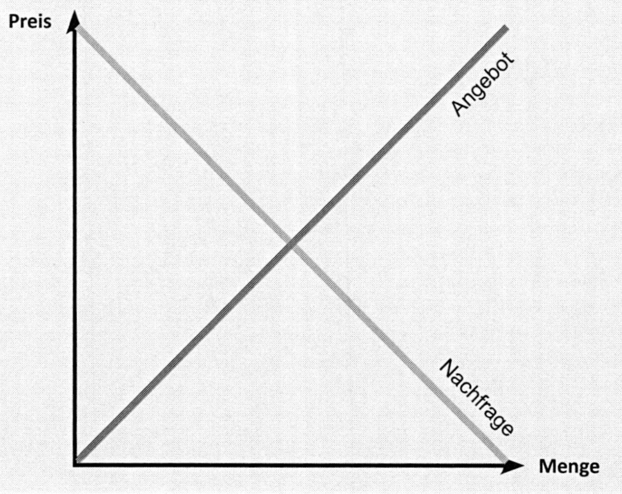

II. Die Marktpreisbildung (Teil 1)

Auf einem **Markt** treffen **Angebot** und **Nachfrage** zusammen. Die Interessen der Anbieter und Nachfrager sind jedoch gegenläufig:

Die Anbieter möchten für ihre Waren oder Dienstleistungen einen möglichst hohen Preis erzielen, während die Nachfrager einen möglichst niedrigen Preis zahlen möchten. Nur so würden die Verkäufer nichts verkaufen und die Käufer nichts kaufen. Man einigt sich also beim sogenannten **Gleichgewichtspreis**. Bei diesem Preis entspricht die angebotene Menge der nachgefragten Menge.

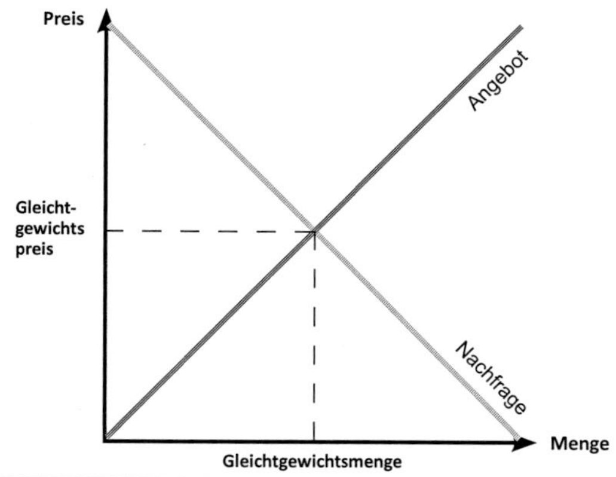

Aufgabe 1: *Auch du kommst regelmäßig in Marktsituationen. Mal bist du Anbieter von Waren oder Dienstleistungen, mal möchtest du Waren kaufen. Lies dir die verschiedenen Situationen durch und kreuze an, ob du Anbieter oder Nachfrager bist. Beschreibe kurz, ob du den Preis aushandelst oder einfach so akzeptierst. Vielleicht vergleichst du ja auch die Preise und gehst zum Anbieter mit dem niedrigsten Preis.*

	Anbieter	Nachfrager	Preis
Ich kaufe einen Ordner und einen Collegeblock			
Ich gebe einem anderen Schüler Nachhilfe.			
Ich kaufe Wurst und Brot fürs Abendessen.			
Ich passe drei Stunden auf die Zwillinge unserer Nachbarin auf.			
Ich verkaufe auf dem Flohmarkt meine alten Spielsachen.			
Ich kaufe ein Geburtstagsgeschenk für meine Mutter.			

II. Die Marktpreisbildung (Teil 1)

Lösungen

Auf einem **Markt** treffen **Angebot** und **Nachfrage** zusammen. Die Interessen der Anbieter und Nachfrager sind jedoch gegenläufig:

Die Anbieter möchten für ihre Waren oder Dienstleistungen einen möglichst hohen Preis erzielen, während die Nachfrager einen möglichst niedrigen Preis zahlen möchten. Nur so würden die Verkäufer nichts verkaufen und die Käufer nichts kaufen. Man einigt sich also beim sogenannten **Gleichgewichtspreis**. Bei diesem Preis entspricht die angebotene Menge der nachgefragten Menge.

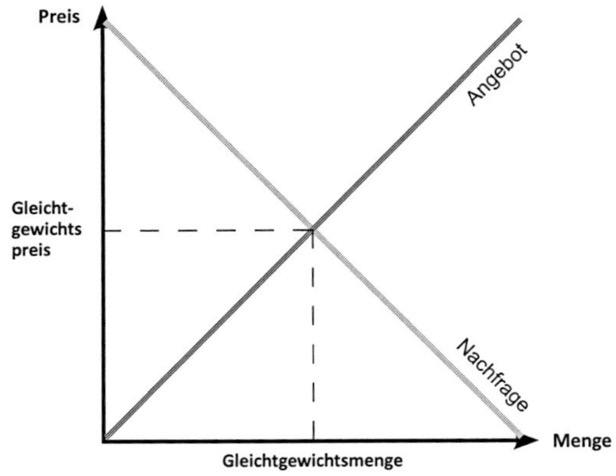

Aufgabe 1: *Auch du kommst regelmäßig in Marktsituationen. Mal bist du Anbieter von Waren oder Dienstleistungen, mal möchtest du Waren kaufen. Lies dir die verschiedenen Situationen durch und kreuze an, ob du Anbieter oder Nachfrager bist. Beschreibe kurz, ob du den Preis aushandelst oder einfach so akzeptierst. Vielleicht vergleichst du ja auch die Preise und gehst zum Anbieter mit dem niedrigsten Preis.*

	Anbieter	Nachfrager	Preis
Ich kaufe einen Ordner und einen Collegeblock		X	**Ich akzeptiere den Preis/vergleiche das Angebot.**
Ich gebe einem anderen Schüler Nachhilfe.	X		**Ich handele den Preis aus.**
Ich kaufe Wurst und Brot fürs Abendessen.		X	**Ich akzeptiere den Preis/vergleiche das Angebot.**
Ich passe drei Stunden auf die Zwillinge unserer Nachbarin auf.	X		**Ich handele einen Preis für meine Dienstleistung aus.**
Ich verkaufe auf dem Flohmarkt meine alten Spielsachen.	X		**Ich handele möglichst hohe Preise für meine alten Spielsachen aus.**
Ich kaufe ein Geburtstagsgeschenk für meine Mutter.		X	**Ich akzeptiere den Preis/vergleiche das Angebot**

KOHL VERLAG Stationenlernen WIRTSCHAFT 9.-10. Schuljahr – Bestell-Nr. 11 775

II. Die Marktpreisbildung (Teil 2)

Aufgabe 2: *In diesem Sommer sind gestreifte T-Shirts besonders modern. Bald jedes Geschäft für Oberbekleidung und jedes Kaufhaus bietet solche T-Shirts zu unterschiedlichen Preisen an.*
Trage die Preise und Mengen aus der Tabelle in das Koordinatensystem ein. Ermittle dann zeichnerisch Gleichgewichtspreis und Gleichgewichtsmenge.

Angebotene Menge	Preis	Nachgefragte Menge
20 Stück	5 €	120 Stück
40 Stück	10 €	100 Stück
60 Stück	15 €	80 Stück
80 Stück	20 €	60 Stück
100 Stück	25 €	40 Stück
120 Stück	30 €	20 Stück

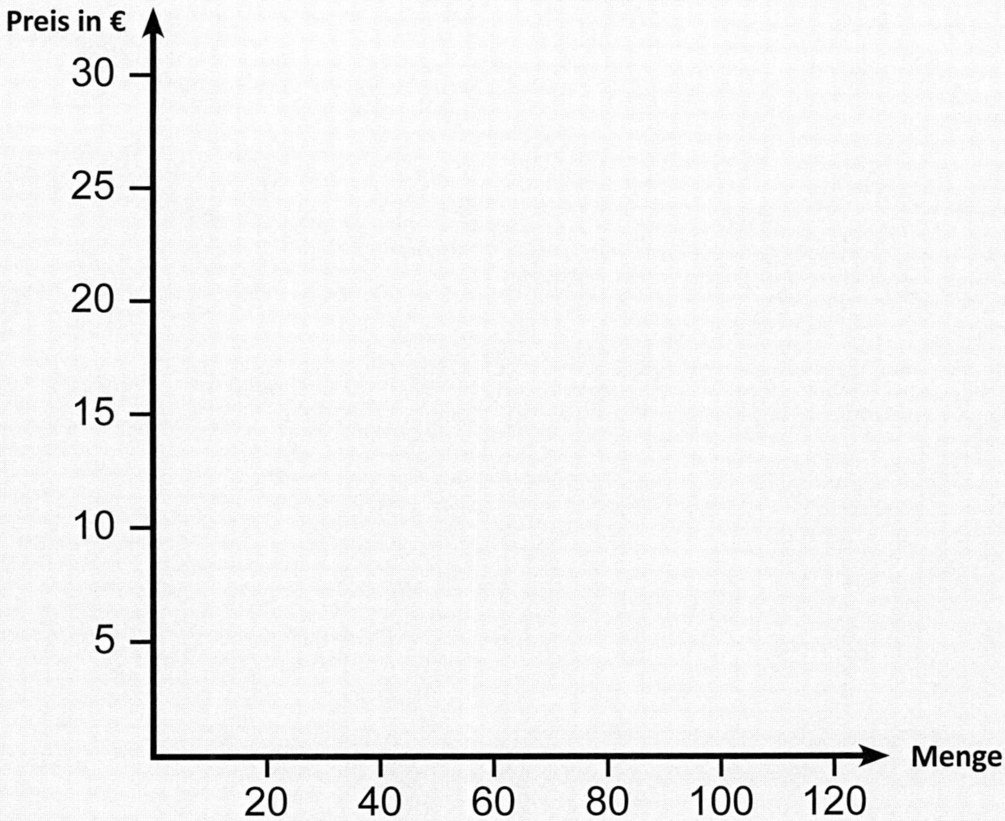

Aufgabe 3: *Was sagt der hier zeichnerisch ermittelte Gleichgewichtspreis aus?*

____

____

KOHL VERLAG
Stationenlernen WIRTSCHAFT
9.-10. Schuljahr – Bestell-Nr. 11 775

II. Die Marktpreisbildung (Teil 2)

Lösungen

Aufgabe 2: *In diesem Sommer sind gestreifte T-Shirts besonders modern. Bald jedes Geschäft für Oberbekleidung und jedes Kaufhaus bietet solche T-Shirts zu unterschiedlichen Preisen an.*
Trage die Preise und Mengen aus der Tabelle in das Koordinatensystem ein. Ermittle dann zeichnerisch Gleichgewichtspreis und Gleichgewichtsmenge.

Angebotene Menge	Preis	Nachgefragte Menge
20 Stück	5 €	120 Stück
40 Stück	10 €	100 Stück
60 Stück	15 €	80 Stück
80 Stück	20 €	60 Stück
100 Stück	25 €	40 Stück
120 Stück	30 €	20 Stück

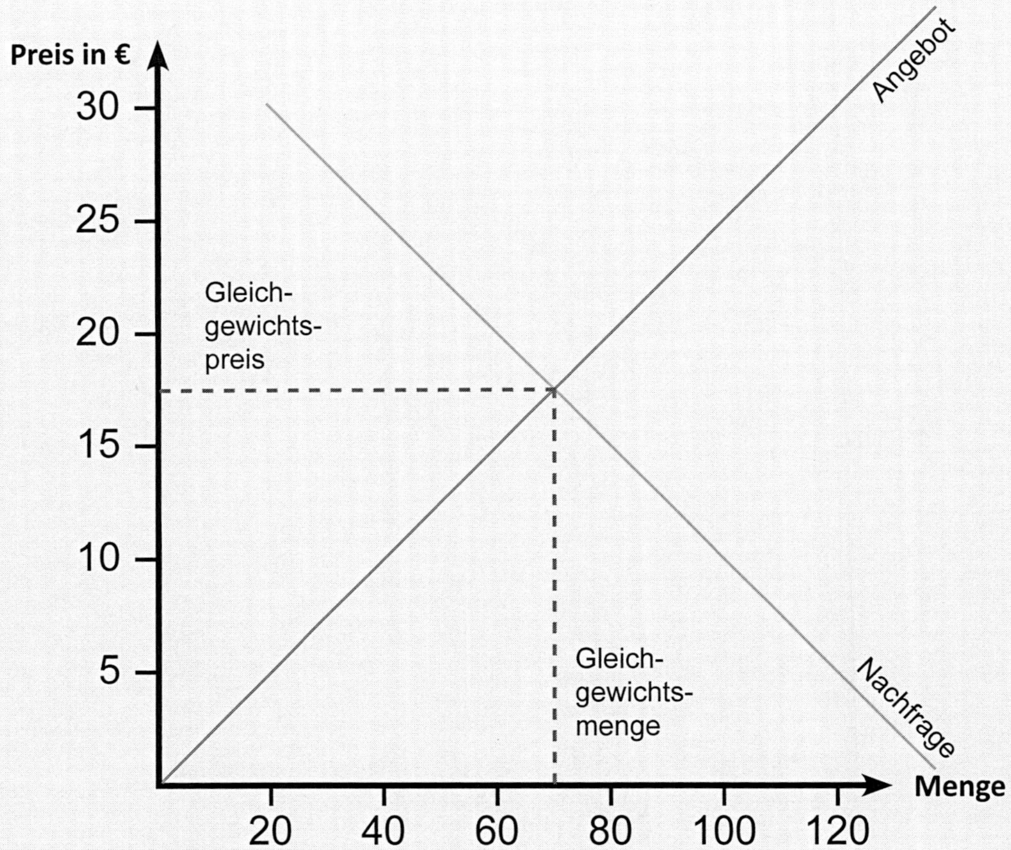

Aufgabe 3: *Was sagt der hier zeichnerisch ermittelte Gleichgewichtspreis aus?*

Bei einem Preis von 17,50 € entspricht die angebotene Menge T-Shirts der nachgefragten Menge T-Shirts.

Stationenlernen WIRTSCHAFT 9.-10. Schuljahr – Bestell-Nr. 11 775
KOHL VERLAG

III. Der Wirtschaftskreislauf (Teil 1)

Auch die Wirtschaft lässt sich als Kreislauf darstellen. Es wird dabei zwischen einem Güterkreislauf und einem Geldkreislauf unterschieden.

Auf dem Markt werden Güter von den Unternehmen angeboten, die von den Haushalten nachgefragt werden.

Um die Güter produzieren zu können, benötigen die Unternehmen Produktionsfaktoren wie Arbeit. Arbeitskraft wird den Unternehmen von den Haushalten angeboten. Die Haushalte erhalten für die geleistete Arbeit ein Einkommen von den Unternehmen. Mit diesem Geld können die Haushalte Güter kaufen, die von den Unternehmen produziert wurden.

Mit diesen Verkaufserlösen können die Unternehmen erneut Produktionsfaktoren nachfragen und Konsumgüter produzieren.

Aufgabe 1: *Vervollständige die Abbildung zu den Güter- und Geldströmen mit den im Text unterstrichenen Begriffen.*

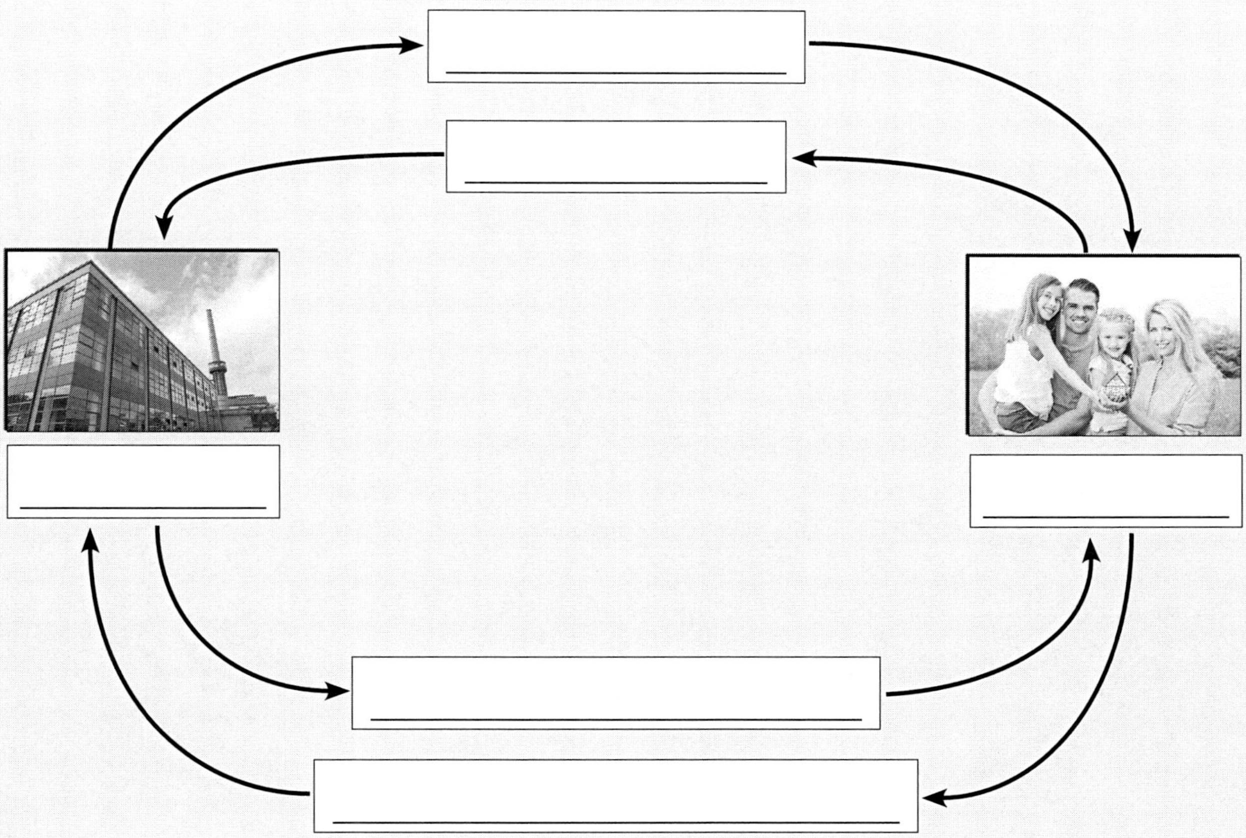

Aufgabe 2: *Frau J. ist Frisörin. Sie erbringt in einem Frisörsalon Dienstleistungen, indem sie den Kunden die Haare wäscht, schneidet, färbt usw.. Dafür erhält sie ein Einkommen. Wie müsste für Frau J. der Güterkreislauf aussehen? Zeichne und schreibe in dein Heft/deinen Ordner.*

Stationenlernen WIRTSCHAFT
9.-10. Schuljahr – Bestell-Nr. 11 775
KOHL VERLAG

III. Der Wirtschaftskreislauf (Teil 1)

Lösungen

Aufgabe 1:

Konsumgüter

Arbeit

Unternehmen

Haushalte

Einkommen

Güter kaufen → Verkaufserlöse

Aufgabe 2:

Konsumgüter

Arbeit/Dienstleistungen

Frisörsalon

Frau J.

Einkommen

Güter kaufen → Verkaufserlöse

III. Der Wirtschaftskreislauf (Teil 2)

Aufgabe 3: *Schreibe einen kurzen Beispieltext zum Wirtschaftskreislauf. Verwende dazu die folgenden Sätze und die Begriffe aus dem Informationstext.*

- Die Großbäckerei K. produziert Feingebäck.
- Herr C. ist Bäcker und Konditor bei der Großbäckerei K.
- Herr C. erwartet am Sonntag Kaffeegäste und kauft dafür etwas Gebäck der Großbäckerei K.

Aufgabe 4: *Entscheide, welche der folgenden Aussagen zum Wirtschaftskreislauf richtig (R) und welche falsch (F) sind. Trage* **R** *oder* **F** *in die Kästchen ein.*

☐ Es gibt einen Güter- und Geldkreislauf.

☐ Arbeit ist ein Produktionsfaktor.

☐ Unternehmen benötigen keine Produktionsfaktoren.

☐ Mit ihrem Einkommen können die Haushalte Güter kaufen.

☐ Arbeitskraft wird von den Unternehmen angeboten.

☐ Auf dem Markt werden Güter angeboten, die von den Haushalten angeboten und von den Unternehmen nachgefragt werden.

☐ Um Konsumgüter produzieren zu können, benötigen die Unternehmen Produktionsfaktoren.

☐ Auch ich werde einmal Teil in einem Wirtschaftskreislauf sein.

KOHL VERLAG
Stationenlernen WIRTSCHAFT
9.-10. Schuljahr – Bestell-Nr. 11 775

III. Der Wirtschaftskreislauf (Teil 2)

Lösungen

Aufgabe 3: *Schreibe einen kurzen Beispieltext zum Wirtschaftskreislauf. Verwende dazu die folgenden Sätze und die Begriffe aus dem Informationstext.*

- Die Großbäckerei K. produziert Feingebäck.
- Herr C. ist Bäcker und Konditor bei der Großbäckerei K.
- Herr C. erwartet am Sonntag Kaffeegäste und kauft dafür etwas Gebäck der Großbäckerei K.

Mögliche Lösung: Das Unternehmen, in diesem Fall Großbäckerei K., produziert Feingebäck. Dazu benötigt Firma K. Produktionsfaktoren wie Arbeit. Herr C. bietet Firma K. die benötigte Arbeitskraft an. Dafür bekommt Herr C. ein Einkommen. Mit diesem Geld kauft Herr C. u.a. die Produkte (Gebäck) der Firma K. Mit diesen Verkaufserlösen kann Firma K. erneut Produktionsfaktoren nachfragen und Konsumgüter (Feingebäck) produzieren.

Aufgabe 4: *Entscheide, welche der folgenden Aussagen zum Wirtschaftskreislauf richtig (R) und welche falsch (F) sind. Trage* **R** *oder* **F** *in die Kästchen ein.*

R	Es gibt einen Güter- und Geldkreislauf.
R	Arbeit ist ein Produktionsfaktor.
F	Unternehmen benötigen keine Produktionsfaktoren.
R	Mit ihrem Einkommen können die Haushalte Güter kaufen.
F	Arbeitskraft wird von den Unternehmen angeboten.
F	Auf dem Markt werden Güter angeboten, die von den Haushalten angeboten und von den Unternehmen nachgefragt werden.
R	Um Konsumgüter produzieren zu können, benötigen die Unternehmen Produktionsfaktoren.
R	Auch ich werde einmal Teil in einem Wirtschaftskreislauf sein.

KOHL VERLAG Stationenlernen WIRTSCHAFT 9.-10. Schuljahr – Bestell-Nr. 11 775

IV. Der Arbeitsmarkt (Teil 1)

Auf dem Arbeitsmarkt (Stellenmarkt) treffen genau wie auf anderen Märkten auch, Angebot und Nachfrage zusammen.

Unternehmen bieten Arbeitsplätze an. Sie fragen Arbeitskraft nach. Sie brauchen die Arbeitsleistung, um ihre Produkte herstellen oder ihre Dienstleistungen anbieten zu können. Die Anbieter von Arbeitsplätzen nennt man auch Arbeitgeber.

Die Unternehmen bieten Einkommen und bestimmte Arbeitsbedingungen an, um Arbeitskräfte zu bekommen.

Mitglieder von Haushalten (z.B. deine Eltern) arbeiten, um Geld zu verdienen. Sie bieten ihre Arbeitskraft an, weil sie ein Einkommen benötigen, um den Bedarf des Haushalts (Lebensmittel, Kleidung, Auto usw.) decken zu können.

Personen, die Arbeit annehmen, nennt man auch Arbeitnehmer.

Lohn oder Gehalt wird der Preis für Arbeit genannt. Angestellte und Beamte beziehen ein Gehalt, Arbeiter erhalten einen Lohn.

Aufgabe 1: *Lies zunächst den Informationstext sorgfältig durch. Beantworte dann die folgenden Fragen in vollständigen Sätzen.*

a) Warum ist auch der Arbeitsmarkt ein Markt?

b) Wer bietet Arbeitskraft an, wer fragt Arbeitskraft nach?

c) Wozu brauchen die Unternehmen die Arbeitsleistung der Arbeitnehmer?

d) Warum bieten Haushalte auf dem Arbeitsmarkt ihre Arbeitskraft an?

e) Wie wird der Preis für Arbeit genannt?

KOHL VERLAG Stationenlernen WIRTSCHAFT 9.-10. Schuljahr – Bestell-Nr. 11 775

IV. Der Arbeitsmarkt (Teil 1)

Lösungen

Auf dem Arbeitsmarkt (Stellenmarkt) treffen genau wie auf anderen Märkten auch, Angebot und Nachfrage zusammen.

Unternehmen bieten Arbeitsplätze an. Sie fragen Arbeitskraft nach. Sie brauchen die Arbeitsleistung, um ihre Produkte herstellen oder ihre Dienstleistungen anbieten zu können. Die Anbieter von Arbeitsplätzen nennt man auch Arbeitgeber.

Die Unternehmen bieten Einkommen und bestimmte Arbeitsbedingungen an, um Arbeitskräfte zu bekommen.

Mitglieder von Haushalten (z.B. deine Eltern) arbeiten, um Geld zu verdienen. Sie bieten ihre Arbeitskraft an, weil sie ein Einkommen benötigen, um den Bedarf des Haushalts (Lebensmittel, Kleidung, Auto usw.) decken zu können.

Personen, die Arbeit annehmen, nennt man auch Arbeitnehmer.

Lohn oder Gehalt wird der Preis für Arbeit genannt. Angestellte und Beamte beziehen ein Gehalt, Arbeiter erhalten einen Lohn.

Aufgabe 1: *Lies zunächst den Informationstext sorgfältig durch. Beantworte dann die folgenden Fragen in vollständigen Sätzen.*

a) Warum ist auch der Arbeitsmarkt ein Markt?

Auch der Arbeitsmarkt ist ein Markt, weil auch hier, wie auf anderen Märkten, Angebot und Nachfrage zusammentreffen.

b) Wer bietet Arbeitskraft an, wer fragt Arbeitskraft nach?

Mitglieder von Haushalten bieten Arbeitskraft an, Unternehmen fragen Arbeitskraft nach.

c) Wozu brauchen die Unternehmen die Arbeitsleistung der Arbeitnehmer?

Die Unternehmen brauchen die Arbeitsleistung der Arbeitnehmer, um ihre Produkte herstellen oder ihre Dienstleistungen anbieten zu können.

d) Warum bieten Haushalte auf dem Arbeitsmarkt ihre Arbeitskraft an?

Haushalte bieten auf dem Arbeitsmarkt ihre Arbeitskraft an, weil sie ein Einkommen benötigen, um den Bedarf (Lebensmittel, Kleidung, Miete, Auto,..) des Haushalts decken zu können.

e) Wie wird der Preis für Arbeit genannt?

Der Preis für Arbeit wird Lohn oder Gehalt genannt.

KOHL VERLAG
Stationenlernen WIRTSCHAFT
9.-10. Schuljahr – Bestell-Nr. 11 775

IV. Der Arbeitsmarkt (Teil 2)

Aufgabe 2:
- *Löse das Kreuzworträtsel.*
- *Die Buchstaben in den grauen Kästchen ergeben ein Lösungswort.*

a) Anderer Begriff für Arbeitsmarkt ⇨ ____________

b) Werden von den Arbeitgebern angeboten ⇨ ____________

c) Bieten Unternehmen, um Arbeitskräfte zu bekommen ⇨ ____________

d) So nennt man Personen, die Arbeit annehmen ⇨ ____________

e) Preis für Arbeit, den Arbeiter erhalten ⇨ ____________

f) So nennt man Anbieter von Arbeitsplätzen ⇨ ____________

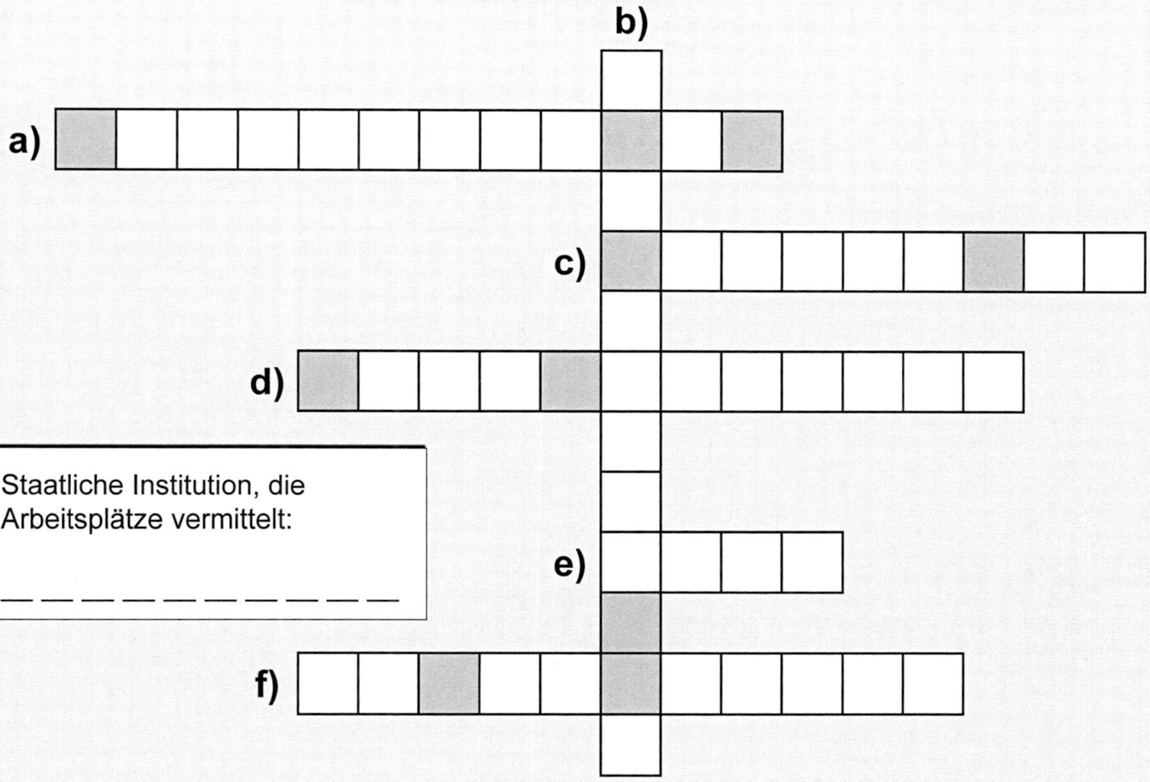

Staatliche Institution, die Arbeitsplätze vermittelt:

_ _ _ _ _ _ _ _ _ _

Aufgabe 3: *Hast du dir schon Gedanken gemacht, was du in einigen Jahren beruflich machen möchtest? Beschreibe kurz, wie du dem Arbeitsmarkt zur Verfügung stehen wirst. Verwende dazu die gelernten Begriffe.*

____

____

____

____

KOHL VERLAG Stationenlernen WIRTSCHAFT 9.-10. Schuljahr – Bestell-Nr. 11 775

IV. Der Arbeitsmarkt (Teil 2)

Lösungen

Aufgabe 2:
- *Löse das Kreuzworträtsel.*
- *Die Buchstaben in den grauen Kästchen ergeben ein Lösungswort.*

a) Anderer Begriff für Arbeitsmarkt ⇨ **Stellenmarkt**

b) Werden von den Arbeitgebern angeboten ⇨ **Arbeitsplatz**

c) Bieten Unternehmen, um Arbeitskräfte zu bekommen ⇨ **Einkommen**

d) So nennt man Personen, die Arbeit annehmen ⇨ **Arbeitnehmer**

e) Preis für Arbeit, den Arbeiter erhalten ⇨ **Lohn**

f) So nennt man Anbieter von Arbeitsplätzen ⇨ **Arbeitgeber**

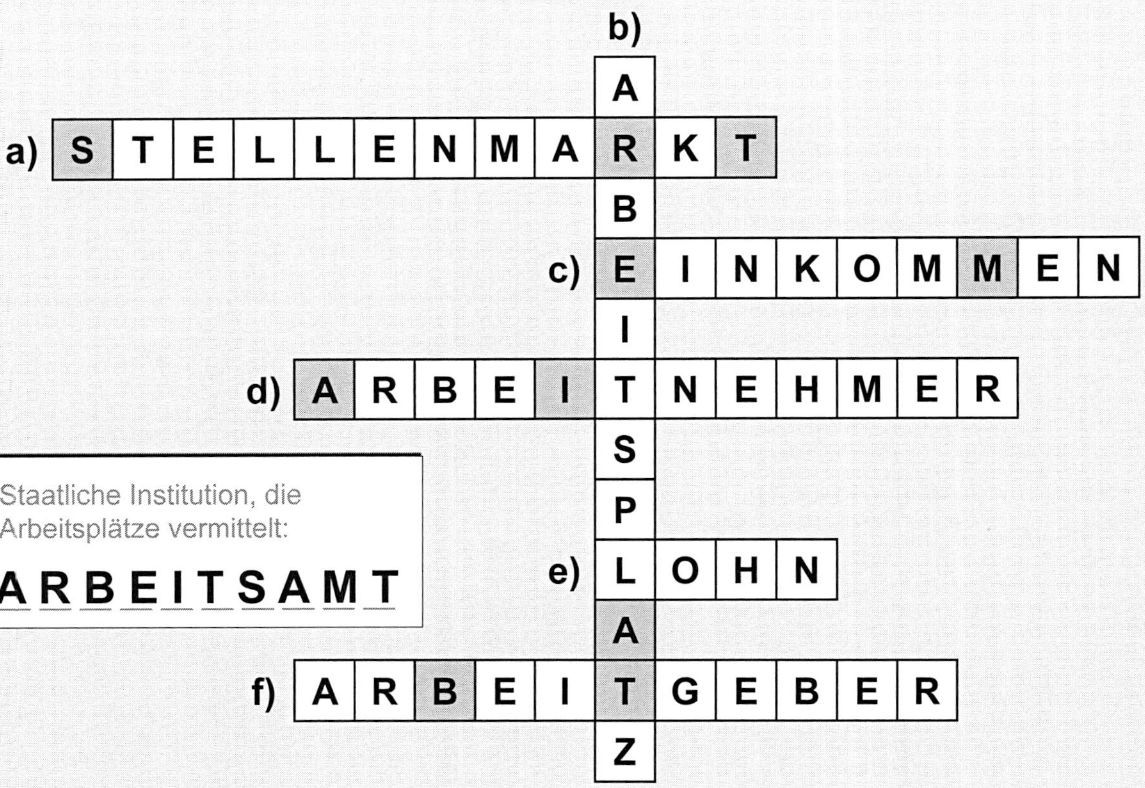

Staatliche Institution, die Arbeitsplätze vermittelt:

ARBEITSAMT

Aufgabe 3: *Hast du dir schon Gedanken gemacht, was du in einigen Jahren beruflich machen möchtest? Beschreibe kurz, wie du dem Arbeitsmarkt zur Verfügung stehen wirst. Verwende dazu die gelernten Begriffe.*

Individuelle Lösungen, zum Beispiel: Ich werde/möchte nach meiner Ausbildung zum Mechatroniker Arbeitnehmer bei einem Automobilhersteller sein. Für meine geleistete Arbeit erhalte ich von meinem Arbeitgeber Lohn. Mit diesem Einkommen kann ich die Miete für meine Wohnung zahlen, Kleidung, Lebensmittel usw. kaufen.

Stationenlernen WIRTSCHAFT
9.-10. Schuljahr – Bestell-Nr. 11 775
KOHL VERLAG

V. Der Konjunkturzyklus (Teil 1)

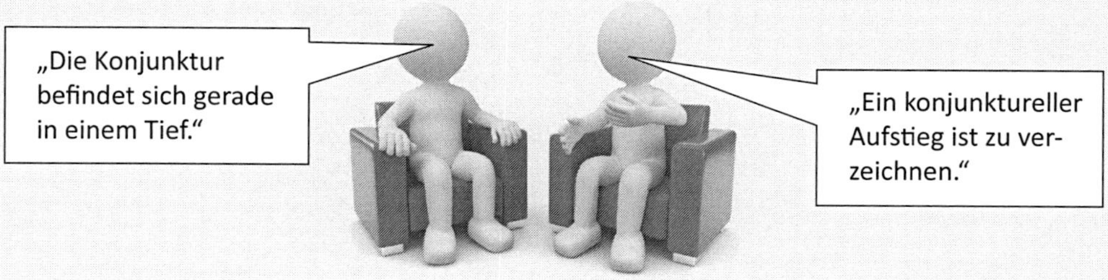

Solche oder ähnliche Aussagen hören oder lesen wir fast täglich. Doch was ist damit gemeint?

Das **Sozialprodukt** ist die in Geld ausgedrückte Summe aller im Laufe eines Jahres produzierten Güter und Dienstleistungen einer Volkswirtschaft, die verbraucht, investiert oder gegen ausländische Erzeugnisse eingetauscht wurden. Das Sozialprodukt dient der quantitativen (zahlen- bzw. mengenmäßigen) Erfassung von Volkswirtschaften.

Aufgabe 1: *Suche in Tageszeitungen im Wirtschaftsteil nach Artikeln, Abbildungen oder kurzen Meldungen zur aktuellen Konjunktur. Schneide sie aus und klebe sie auf.*

Aufgabe 2: *Die Abbildung auf der Seite 47 zeigt, dass die wirtschaftliche Entwicklung nicht geradlinig verläuft, sondern eher einer Wellenbewegung folgt.*

Schneide die Textkästen zu den einzelnen Phasen des Konjunkturzyklusses aus und klebe sie an die richtigen Stellen. Schreibe dann die Bezeichnungen für die einzelnen Phasen in die Abbildung.

Die Kapazitäten sind voll ausgelastet. Die Produktion kann nicht mehr wie zu Beginn des Aufschwungs steigen. Die Nachfrage nach Gütern ist sehr hoch und übersteigt das Angebot an Gütern. Dadurch steigen die Güterpreise. Diese Phase wird im Konjunkturzyklus *Hochkonjunktur* oder *Boom* genannt.

Der Wellenberg beginnt mit dem *Aufschwung*. Die Produktion steigt, da die Unternehmen Gewinne erwarten. Sie tätigen Investitionen und stellen zusätzliche Arbeitskräfte ein.

Aus verschiedenen Gründen (wie Sparen der Haushalte, Angst der Unternehmen vor Verschuldung für weitere Investitionen) gerät die Wirtschaft ins Stocken. Diese Phase ist die *Stagnationsphase*.

Die Stagnation kann zum *Abschwung (Rezession)* führen. Das Angebot an Gütern übersteigt die gesunkene Nachfrage nach Gütern. Die Produktion geht zurück.

Kommt es zu einem starken Produktionsrückgang mit hoher Arbeitslosigkeit, nennt man diese Situation *Depression*.

Stationenlernen WIRTSCHAFT
9.-10. Schuljahr – Bestell-Nr. 11 775
KOHL VERLAG

V. Der Konjunkturzyklus (Teil 1)

Lösungen

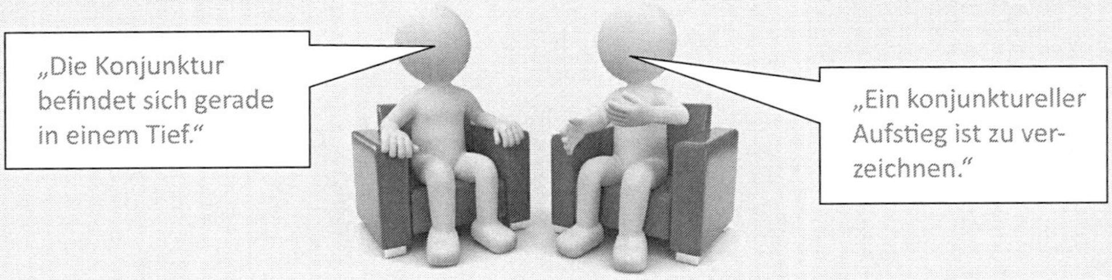

Solche oder ähnliche Aussagen hören oder lesen wir fast täglich. Doch was ist damit gemeint?

Das **Sozialprodukt** ist die in Geld ausgedrückte Summe aller im Laufe eines Jahres produzierten Güter und Dienstleistungen einer Volkswirtschaft, die verbraucht, investiert oder gegen ausländische Erzeugnisse eingetauscht wurden. Das Sozialprodukt dient der quantitativen (zahlen- bzw. mengenmäßigen) Erfassung von Volkswirtschaften.

Aufgabe 1: *Suche in Tageszeitungen im Wirtschaftsteil nach Artikeln, Abbildungen oder kurzen Meldungen zur aktuellen Konjunktur. Schneide sie aus und klebe sie auf.*
Individuelle Lösungen, zum Beispiel:

Wirtschaft wächst im zweiten Quartal

Aktuelle Konjunktur am Boden

Wirtschaft im Euroraum verliert an Schwung

Expandierende Konjunktur zum Jahresende

Sommerflaute in der Konjunktur

KOHL VERLAG
Stationenlernen WIRTSCHAFT
9.-10. Schuljahr – Bestell-Nr. 11 775

V. Der Konjunkturzyklus (Teil 1)

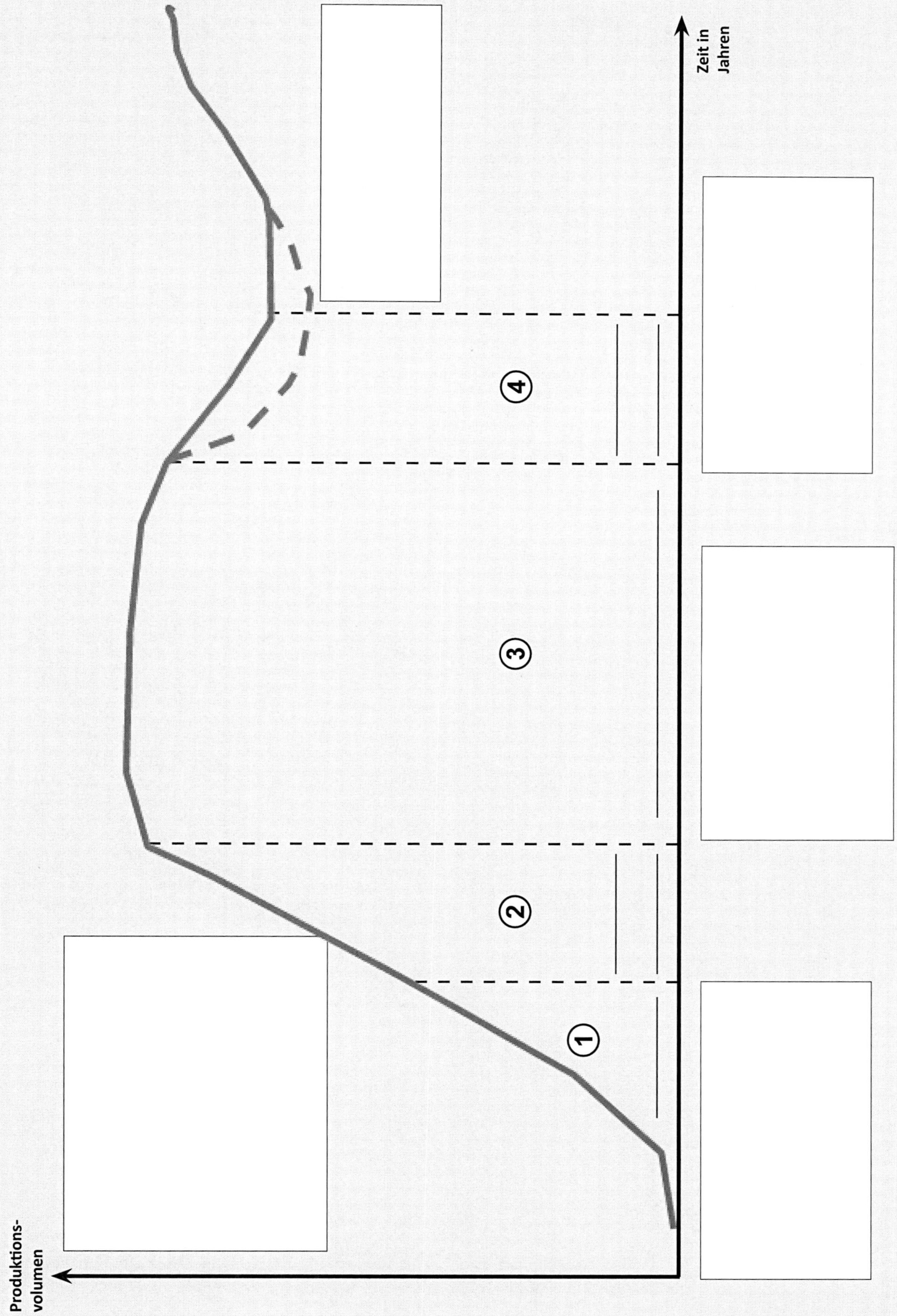

V. Der Konjunkturzyklus (Teil 1)

Lösungen

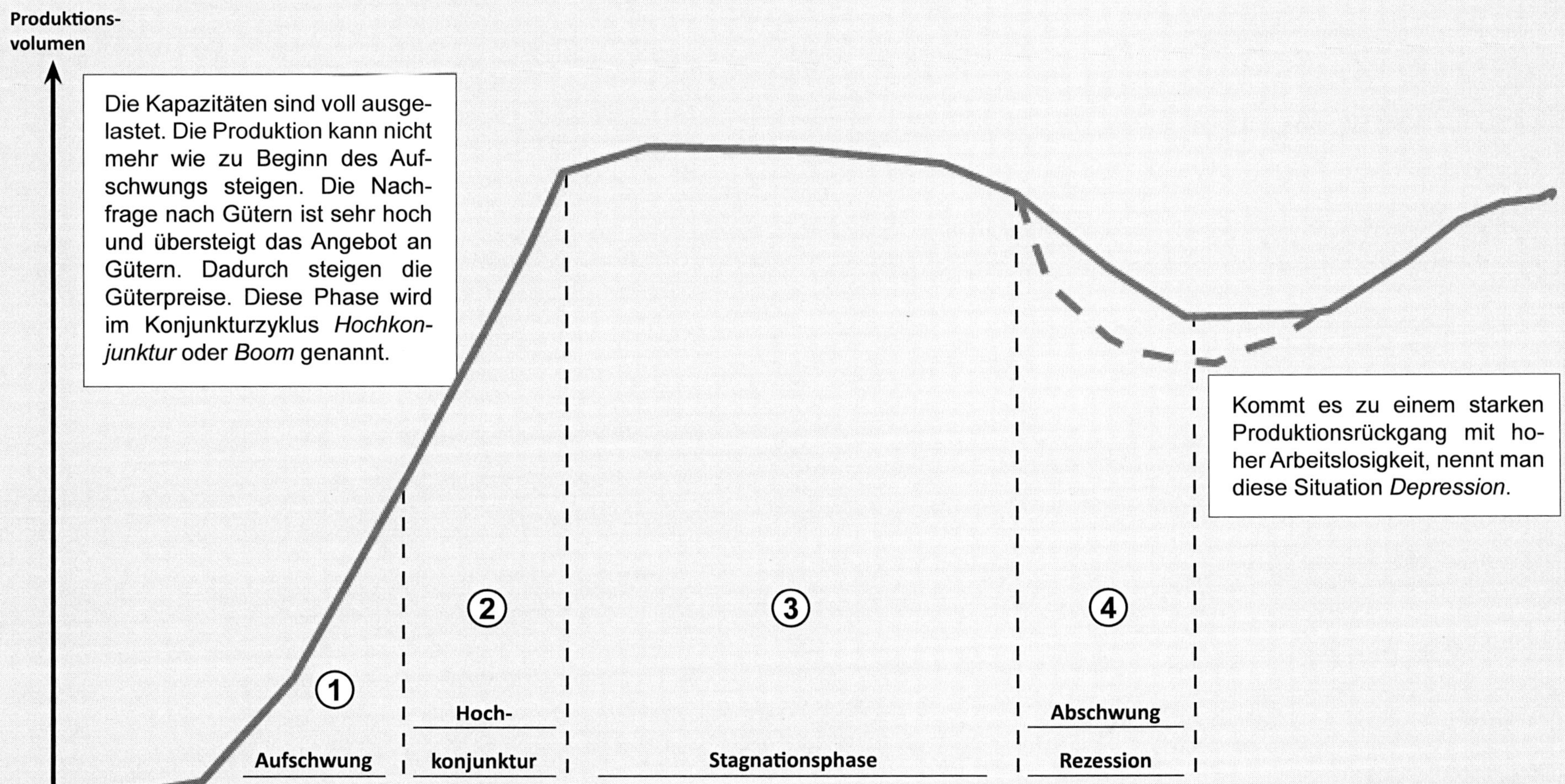

Die Kapazitäten sind voll ausgelastet. Die Produktion kann nicht mehr wie zu Beginn des Aufschwungs steigen. Die Nachfrage nach Gütern ist sehr hoch und übersteigt das Angebot an Gütern. Dadurch steigen die Güterpreise. Diese Phase wird im Konjunkturzyklus *Hochkonjunktur* oder *Boom* genannt.

Kommt es zu einem starken Produktionsrückgang mit hoher Arbeitslosigkeit, nennt man diese Situation *Depression*.

Der Wellenberg beginnt mit dem *Aufschwung*. Die Produktion steigt, da die Unternehmen Gewinne erwarten. Sie tätigen Investitionen und stellen zusätzliche Arbeitskräfte ein.

Aus verschiedenen Gründen (wie Sparen der Haushalte, Angst der Unternehmen vor Verschuldung für weitere Investitionen) gerät die Wirtschaft ins Stocken. Diese Phase ist die *Stagnationsphase*.

Die Stagnation kann zum *Abschwung (Rezession)* führen. Das Angebot an Gütern übersteigt die gesunkene Nachfrage nach Gütern. Die Produktion geht zurück.

V. Der Konjunkturzyklus (Teil 2)

Aufgabe 3: *Beantworte die folgenden Fragen zum Konjunkturzyklus in vollständigen Sätzen.*

a) Wie heißen die vier Phasen in einem Konjunkturzyklus?

b) Wie verhalten sich die Unternehmen in der Phase des Aufschwungs? Warum verhalten sich die Unternehmen so?

c) Warum steigen in der Hochkonjunktur (Boom) die Güterpreise?

d) Was geschieht in der Stagnationsphase?

e) Wozu kann eine Stagnation der Wirtschaft führen?

f) Was passiert in der Phase des Konjunkturabschwungs (Rezession)?

g) Was kennzeichnet eine mögliche Depression im Konjunkturzyklus?

KOHL VERLAG Stationenlernen WIRTSCHAFT 9.-10. Schuljahr – Bestell-Nr. 11 775

V. Der Konjunkturzyklus (Teil 2)

Lösungen

Aufgabe 3: *Beantworte die folgenden Fragen zum Konjunkturzyklus in vollständigen Sätzen.*

a) Wie heißen die vier Phasen in einem Konjunkturzyklus?

Die vier Phasen in einem Konjunkturzyklus sind/heißen: Aufschwung, Hochkonjunktur oder Boom, Stagnationsphase, Abschwung oder Rezession.

b) Wie verhalten sich die Unternehmen in der Phase des Aufschwungs? Warum verhalten sich die Unternehmen so?

Die Unternehmen tätigen Investitionen und stellen zusätzliche Arbeitskräfte ein. Die Unternehmen handeln so, weil sie Gewinne erwarten.

c) Warum steigen in der Hochkonjunktur (Boom) die Güterpreise?

In der Hochkonjunktur steigen die Güterpreise, da die Nachfrage nach Gütern sehr hoch ist und das Angebot an Gütern übersteigt.

d) Was geschieht in der Stagnationsphase?

Aus verschiedenen Gründen, wie Sparen der Haushalte oder Angst der Unternehmen vor Verschuldung für weitere Investitionen, gerät die Wirtschaft ins Stocken.

e) Wozu kann eine Stagnation der Wirtschaft führen?

Eine Stagnation der Wirtschaft kann zum Abschwung (Rezession) führen.

f) Was passiert in der Phase des Konjunkturabschwungs (Rezession)?

In der Phase des Konjunkturabschwungs übersteigt das Angebot an Gütern die gesunkene Nachfrage nach Gütern. Die Produktion geht zurück.

g) Was kennzeichnet eine mögliche Depression im Konjunkturzyklus?

Kennzeichen für eine Depression sind ein starker Produktionsrückgang mit hoher Arbeitslosigkeit.

KOHL VERLAG Stationenlernen WIRTSCHAFT 9.-10. Schuljahr – Bestell-Nr. 11 775

VI. Wirtschaftliche Konzentration

Aufgabe 1: *Fülle den Lückentext mit den Lückenwörtern aus.*

Zusammenschluss – niedrig – aufnimmt – Preisen – größeres – wettbewerbsfähig – neues – Gewinne – rechtlichen – festsetzen – Vermögen – Liefermengen – gemeinsamen – Mitbewerber – Vorteil – zusammenschließen – Wettbewerb – Vertriebsgesellschaft – selbstständig – beeinflussen

Im Normalfall gibt es auf dem Markt viele Anbieter. Die einzelnen Unternehmer sind auf sich und ihr Geschäft bedacht. Sie erschließen neue Märkte und möchten mit ____________ kalkulierten ____________ ____________________ bleiben. Ihr Ziel ist es, möglichst hohe ____________ zu erwirtschaften.
Gelingt es einem Anbieter, durch Verdrängungswettbewerb eine Monopolstellung zu erreichen, so kann er die Preise ______________ und/oder die ________________ bestimmen. Alle anderen ________________ sind ausgeschlossen. Man spricht dann von einem ***Monopol***.
Bestimmen einige wenige Wirtschaftseinheiten das Marktgeschehen, liegt ein ***Oligopol*** vor. Ihr Anliegen ist es, den möglichst beschwerlichen ________________ auszuschalten.
Bei einem ***Kartell*** schließen sich vertraglich zwei rechtlich ______________ bleibende Unternehmen der gleichen Produktions- oder Handelsstufe zusammen. Auch ihr Ziel ist es, den Wettbewerb zu ihrem ___________ zu ________________.
Die straffste Form des Kartells ist das ***Syndikat***. Hier gründen die Kartellmitglieder eine ____________________, die die Produkte der Mitgliedsfirmen verkauft. Kunden treten nur mit dem Syndikat in Kontakt.
Von einem ***Konzern*** spricht man, wenn sich Unternehmen ____________________________, die rechtlich selbstständig, aber wirtschaftlich einer ________________ Leitung unterstellt sind. Konzerne entstehen durch eine gegenseitige Kapitalbeteiligung oder durch die Errichtung einer Dachgesellschaft, deren _____________ aus den Beteiligungen (z.B. Aktien) am Konzernunternehmen stammt.
Vereinigen sich zwei Unternehmen unter Aufgabe ihrer ______________ und wirtschaftlichen Selbstständigkeit, wobei ein __________ Unternehmen entsteht, handelt es sich um eine ***Fusion***.
Eine ***Fusion*** ist auch, wenn ein _____________ Unternehmen ein oder mehrere kleinere Unternehmen ______________.
Der ______________________ verschiedener Unternehmen unter Aufgabe ihrer rechtlichen und wirtschaftlichen Selbstständigkeit, wird ***Trust*** genannt.

Aufgabe 2: *Alle diese im Text beschriebenen Zusammenschlüsse verfolgen ein gemeinsames Ziel. Welches?*

____

____

Aufgabe 3: *Wie wird diese Form der Konzentration genannt? Trage ein.*

Zwei rechtlich selbstständig bleibende Unternehmen schließen sich vertraglich zusammen.	
Einige wenige Unternehmen bestimmen das Marktgeschehen.	
Das größte Unternehmen in der Region nimmt drei kleinere Unternehmen auf. Die kleineren Unternehmen geben dabei ihre rechtliche und wirtschaftliche Selbstständigkeit auf	

KOHL VERLAG Stationenlernen WIRTSCHAFT 9.-10. Schuljahr – Bestell-Nr. 11 775

VI. Wirtschaftliche Konzentration

Lösungen

Aufgabe 1: *Fülle den Lückentext mit den Lückenwörtern aus.*

Zusammenschluss – niedrig – aufnimmt – Preisen – größeres – wettbewerbsfähig – neues – Gewinne – rechtlichen – festsetzen – Vermögen – Liefermengen – gemeinsamen – Mitbewerber – Vorteil – zusammenschließen – Wettbewerb – Vertriebsgesellschaft – selbstständig – beeinflussen

Im Normalfall gibt es auf dem Markt viele Anbieter. Die einzelnen Unternehmer sind auf sich und ihr Geschäft bedacht. Sie erschließen neue Märkte und möchten mit **niedrig** kalkulierten **Preisen** **wettbewerbsfähig** bleiben. Ihr Ziel ist es, möglichst hohe **Gewinne** zu erwirtschaften.
Gelingt es einem Anbieter, durch Verdrängungswettbewerb eine Monopolstellung zu erreichen, so kann er die Preise **festsetzen** und/oder die **Liefermengen** bestimmen. Alle anderen **Mitbewerber** sind ausgeschlossen. Man spricht dann von einem ***Monopol***.
Bestimmen einige wenige Wirtschaftseinheiten das Marktgeschehen, liegt ein ***Oligopol*** vor. Ihr Anliegen ist es, den möglichst beschwerlichen **Wettbewerb** auszuschalten.
Bei einem ***Kartell*** schließen sich vertraglich zwei rechtlich **selbstständig** bleibende Unternehmen der gleichen Produktions- oder Handelsstufe zusammen. Auch ihr Ziel ist es, den Wettbewerb zu ihrem **Vorteil** zu **beeinflussen**.
Die straffste Form des Kartells ist das ***Syndikat***. Hier gründen die Kartellmitglieder eine **Vertriebsgesellschaft**, die die Produkte der Mitgliedsfirmen verkauft. Kunden treten nur mit dem Syndikat in Kontakt.
Von einem ***Konzern*** spricht man, wenn sich Unternehmen **zusammenschließen**, die rechtlich selbstständig, aber wirtschaftlich einer **gemeinsamen** Leitung unterstellt sind. Konzerne entstehen durch eine gegenseitige Kapitalbeteiligung oder durch die Errichtung einer Dachgesellschaft, deren **Vermögen** aus den Beteiligungen (z.B. Aktien) am Konzernunternehmen stammt.
Vereinigen sich zwei Unternehmen unter Aufgabe ihrer **rechtlichen** und wirtschaftlichen Selbstständigkeit, wobei ein **neues** Unternehmen entsteht, handelt es sich um eine ***Fusion***.
Eine ***Fusion*** ist auch, wenn ein **größeres** Unternehmen ein oder mehrere kleinere Unternehmen **aufnimmt**.
Der **Zusammenschluss** verschiedener Unternehmen unter Aufgabe ihrer rechtlichen und wirtschaftlichen Selbstständigkeit, wird ***Trust*** genannt.

Aufgabe 2: *Alle diese im Text beschriebenen Zusammenschlüsse verfolgen ein gemeinsames Ziel. Welches?*

Ziel ist es, den Wettbewerb zum eigenen Vorteil zu beeinflussen, bzw. den beschwerlichen Wettbewerb auszuschalten.

Aufgabe 3: *Wie wird diese Form der Konzentration genannt? Trage ein.*

Zwei rechtlich selbstständig bleibende Unternehmen schließen sich vertraglich zusammen.	**Kartell**
Einige wenige Unternehmen bestimmen das Marktgeschehen.	**Oligopol**
Das größte Unternehmen in der Region nimmt drei kleinere Unternehmen auf. Die kleineren Unternehmen geben dabei ihre rechtliche und wirtschaftliche Selbstständigkeit auf	**Fusion**

Stationenlernen WIRTSCHAFT 9.-10. Schuljahr – Bestell-Nr. 11 775
KOHL VERLAG

I. Das ökonomische Prinzip – Minimal- & Maximalprinzip (Teil 1)

Aufgabe 1: *Fülle den Lückentext mit den Lückenwörtern aus.*

geringen – wirtschaftende – bestimmten – großen – vernünftig – bestimmten – knappen – Mittel

In der Wirtschaftslehre wird davon ausgegangen, dass sich der ________________ Mensch bei seinen Entscheidungen ____________ (rational) verhält. Im Hinblick auf die ____________ zur Verfügung stehenden ___________ bedeutet das:

- Der wirtschaftende Mensch versucht mit einem ______________ Aufwand einen möglichst __________ Ertrag zu erzielen. Dieses Prinzip wird ***Maximalprinzip*** genannt.
- Vom ***Minimalprinzip*** spricht man, wenn der wirtschaftende Mensch versucht, einen _____________ Ertrag mit einem möglichst ___________ Aufwand zu erzielen.

Aufgabe 2: *Beim Minimal- und Maximalprinzip werden die Begriffe Aufwand und Ertrag verwendet. Was könnte damit wohl gemeint sein?*

Aufwand: ____

Ertrag: ____

Aufgabe 3: *Nach welchem Prinzip wird in den folgenden Beispielen gewirtschaftet? Trage in die rechte Spalte der Tabelle ein.*

Unternehmer B. versucht, eine bestimmte Anzahl von Gütern mit möglichst wenig Arbeits- und Maschinen-stunden herzustellen.	
Frau F. versucht, mit ihrem Haushaltsgeld möglichst viele Güter zu erwerben.	
Frau L. hingegen versucht, eine bestimmte Gütermenge für einen möglichst geringen Geldbetrag zu erwerben.	
Unternehmer Z. versucht, mit einer festgelegten Anzahl von Arbeits- und Maschinenstunden möglichst viele Güter herzustellen.	

KOHL VERLAG Stationenlernen WIRTSCHAFT 9.-10. Schuljahr – Bestell-Nr. 11 775

I. Das ökonomische Prinzip – Minimal- & Maximalprinzip (Teil 1)

Aufgabe 1: *Fülle den Lückentext mit den Lückenwörtern aus.*

geringen – wirtschaftende – bestimmten – großen – vernünftig – bestimmten – knappen – Mittel

In der Wirtschaftslehre wird davon ausgegangen, dass sich der **wirtschaftende** Mensch bei seinen Entscheidungen **vernünftig** (rational) verhält. Im Hinblick auf die **knappen** zur Verfügung stehenden **Mittel** bedeutet das:

- Der wirtschaftende Mensch versucht mit einem **bestimmten** Aufwand einen möglichst **großen** Ertrag zu erzielen. Dieses Prinzip wird ***Maximalprinzip*** genannt.
- Vom ***Minimalprinzip*** spricht man, wenn der wirtschaftende Mensch versucht, einen **bestimmten** Ertrag mit einem möglichst **geringen** Aufwand zu erzielen.

Aufgabe 2: *Beim Minimal- und Maximalprinzip werden die Begriffe Aufwand und Ertrag verwendet. Was könnte damit wohl gemeint sein?*

Aufwand: **Zeit, Geld, Material, Arbeit**

Ertrag: **Waren/Güter, Zeit, Geld**

Aufgabe 3: *Nach welchem Prinzip wird in den folgenden Beispielen gewirtschaftet? Trage in die rechte Spalte der Tabelle ein.*

Unternehmer B. versucht, eine bestimmte Anzahl von Gütern mit möglichst wenig Arbeits- und Maschinenstunden herzustellen.	**Minimalprinzip**
Frau F. versucht, mit ihrem Haushaltsgeld möglichst viele Güter zu erwerben.	**Maximalprinzip**
Frau L. hingegen versucht, eine bestimmte Gütermenge für einen möglichst geringen Geldbetrag zu erwerben.	**Minimalprinzip**
Unternehmer Z. versucht, mit einer festgelegten Anzahl von Arbeits- und Maschinenstunden möglichst viele Güter herzustellen.	**Maximalprinzip**

KOHL VERLAG Stationenlernen WIRTSCHAFT 9.-10. Schuljahr – Bestell-Nr. 11 775

I. Das ökonomische Prinzip – Minimal- & Maximalprinzip (Teil 2)

Aufgabe 4: *Finde jeweils ein weiteres Beispiel zum Maximal- und Minimalprinzip.*

Maximalprinzip	
Minimalprinzip	

Aufgabe 5: **a)** *Gehe von deinem eigenen Konsum- und Kaufverhalten aus. Auch du bist ein wirtschaftender Mensch. Trifft die Beschreibung des wirtschaftenden Menschen im Informationstext in Aufgabe 1 bei dir immer zu? Wovon lässt du dich bei deinen Kaufentscheidungen leiten?*

b) *Besprecht in einer kleinen Gruppe (3-4 Personen), wovon eure Kaufentscheidungen abhängen. Verhaltet ihr euch bei euren Kaufentscheidungen vernünftig? Haltet ihr euch immer an das ökonomische Prinzip?*

KOHL VERLAG Stationenlernen WIRTSCHAFT 9.-10. Schuljahr – Bestell-Nr. 11 775

I. Das ökonomische Prinzip – Minimal- & Maximalprinzip (Teil 2)

Aufgabe 4: *Finde jeweils ein weiteres Beispiel zum Maximal- und Minimalprinzip.*

Maximalprinzip	**Individuelle Lösungen.**
Minimalprinzip	**Individuelle Lösungen.**

Aufgabe 5: a) *Gehe von deinem eigenen Konsum- und Kaufverhalten aus. Auch du bist ein wirtschaftender Mensch. Trifft die Beschreibung des wirtschaftenden Menschen im Informationstext in Aufgabe 1 bei dir immer zu? Wovon lässt du dich bei deinen Kaufentscheidungen leiten?*

Verschiedene Lösungen sind möglich. Die Beschreibung des wirtschaftenden Menschen trifft nicht immer oder oft nicht zu. Man lässt sich oft von Gefühlen, Gewohnheiten, Sucht usw. leiten.

b) *Besprecht in einer kleinen Gruppe (3-4 Personen), wovon eure Kaufentscheidungen abhängen. Verhaltet ihr euch bei euren Kaufentscheidungen vernünftig? Haltet ihr euch immer an das ökonomische Prinzip?*

Individuelle Lösungen.

KOHL VERLAG Stationenlernen WIRTSCHAFT 9.-10. Schuljahr – Bestell-Nr. 11 775

II. Das Prinzip des komparativen Vorteils (Teil 1)

Aufgabe 1: *Lies den folgenden Text sorgfältig durch.*

David Ricardo

David Ricardo (1772-1823) war 22 Jahre alt und besaß 800 Pfund, als er an der Londoner Börse anfing zu spekulieren. Zwanzig Jahre später war er einer der reichsten Männer Englands.
Im Laufe seines Lebens setzte er sich mit den damals aktuellen ökonomischen Problemen auseinander. Unter anderem entwickelte er die „Theorie des komparativen Kostenvorteils".

Von 1703 bis 1842 bestand zwischen Portugal und England ein Abkommen, das den zollfreien Austausch von portugiesischem Wein und britischem Tuch erlaubte.
An Hand dieses Vertrags rechnete der Ökonom David Ricardo vor, dass der Handel zwischen zwei Ländern sogar dann noch vorteilhaft sein kann, selbst wenn das eine Land beide Produkte (hier Tuch und Wein) billiger herstellt als das andere.
England benötigt, um das Tauschabkommen zu erfüllen, die jährliche Arbeitskraft von 100 Arbeitern, die das Tuch für Portugal herstellen. Verzichtet England auf den Vertrag, so würden 120 Arbeiter gebraucht, um im eigenen Land die Menge Wein zu produzieren, die der Lieferung aus Portugal entspricht.
Portugal dagegen braucht nur 80 Arbeiter, um die festgelegte Menge Wein an England liefern zu können. Würden die Portugiesen auf den Vertrag verzichten, dann bräuchten sie 90 Arbeiter, um im eigenen Land die Menge Tuch herzustellen, die der Lieferung aus England entspricht. Bei allen Produkten wird gleich gute Qualität vorausgesetzt.
Portugal ist England in der Produktion von Tuch und Wein kostenmäßig überlegen, da Portugal für die Erzeugung beider Waren weniger Arbeitskräfte benötigt. Trotzdem haben beide Länder einen Vorteil, wenn der Vertrag zustande kommt, und England nur Tuch und Portugal nur Wein produziert.
Um die Weinmenge selbst herzustellen, die Portugal liefern soll, brauchen die Engländer 120 Arbeiter. Würden diese Arbeiter in der Tuchindustrie tätig sein, so würden sie dort mehr Tuch produzieren, als nach Portugal geliefert werden müsste. Der Gewinn wäre die Arbeitskraft von 20 Arbeitern. Diese 20 Arbeiter könnten in anderen Bereichen beschäftigt werden oder England könnte mehr Wein für mehr Tuch aus Portugal beziehen.
Die gleiche Situation ergibt sich für Portugal: Hier braucht man 80 Arbeiter für die Herstellung von Wein, um den Vertrag mit England zu erfüllen. 90 Arbeitskräfte wären nötig, um das von England gelieferte Tuch selbst herzustellen. Der Gewinn besteht in diesem Fall in der Einsparung von zehn Arbeitern. Folglich könnten die Portugiesen für mehr Wein mehr Tuch von den Engländern kaufen oder die zehn Arbeiter woanders einsetzen.

(Aus: Paul-Heinz Koesters: „Ökonomen verändern die Welt", Stern-Buch im Verlag Gruner + Jahr AG & Co, Hamburg, 3. Aufl. 1983, S. 40 f.)

Aufgabe 2: *Beantworte die folgende Frage zum Text in vollständigen Sätzen.*

Was erlaubte ein Abkommen zwischen England und Portugal?

____

____

____

KOHL VERLAG Stationenlernen WIRTSCHAFT 9.-10. Schuljahr – Bestell-Nr. 11 775

II. Das Prinzip des komparativen Vorteils (Teil 1)

Aufgabe 1: *Lies den folgenden Text sorgfältig durch.*

David Ricardo

David Ricardo (1772-1823) war 22 Jahre alt und besaß 800 Pfund, als er an der Londoner Börse anfing zu spekulieren. Zwanzig Jahre später war er einer der reichsten Männer Englands.
Im Laufe seines Lebens setzte er sich mit den damals aktuellen ökonomischen Problemen auseinander. Unter anderem entwickelte er die „Theorie des komparativen Kostenvorteils".

Von 1703 bis 1842 bestand zwischen Portugal und England ein Abkommen, das den zollfreien Austausch von portugiesischem Wein und britischem Tuch erlaubte.
An Hand dieses Vertrags rechnete der Ökonom David Ricardo vor, dass der Handel zwischen zwei Ländern sogar dann noch vorteilhaft sein kann, selbst wenn das eine Land beide Produkte (hier Tuch und Wein) billiger herstellt als das andere.
England benötigt, um das Tauschabkommen zu erfüllen, die jährliche Arbeitskraft von 100 Arbeitern, die das Tuch für Portugal herstellen. Verzichtet England auf den Vertrag, so würden 120 Arbeiter gebraucht, um im eigenen Land die Menge Wein zu produzieren, die der Lieferung aus Portugal entspricht.
Portugal dagegen braucht nur 80 Arbeiter, um die festgelegte Menge Wein an England liefern zu können. Würden die Portugiesen auf den Vertrag verzichten, dann bräuchten sie 90 Arbeiter, um im eigenen Land die Menge Tuch herzustellen, die der Lieferung aus England entspricht. Bei allen Produkten wird gleich gute Qualität vorausgesetzt.
Portugal ist England in der Produktion von Tuch und Wein kostenmäßig überlegen, da Portugal für die Erzeugung beider Waren weniger Arbeitskräfte benötigt. Trotzdem haben beide Länder einen Vorteil, wenn der Vertrag zustande kommt, und England nur Tuch und Portugal nur Wein produziert.
Um die Weinmenge selbst herzustellen, die Portugal liefern soll, brauchen die Engländer 120 Arbeiter. Würden diese Arbeiter in der Tuchindustrie tätig sein, so würden sie dort mehr Tuch produzieren, als nach Portugal geliefert werden müsste. Der Gewinn wäre die Arbeitskraft von 20 Arbeitern. Diese 20 Arbeiter könnten in anderen Bereichen beschäftigt werden oder England könnte mehr Wein für mehr Tuch aus Portugal beziehen.
Die gleiche Situation ergibt sich für Portugal: Hier braucht man 80 Arbeiter für die Herstellung von Wein, um den Vertrag mit England zu erfüllen. 90 Arbeitskräfte wären nötig, um das von England gelieferte Tuch selbst herzustellen. Der Gewinn besteht in diesem Fall in der Einsparung von zehn Arbeitern. Folglich könnten die Portugiesen für mehr Wein mehr Tuch von den Engländern kaufen oder die zehn Arbeiter woanders einsetzen.

(Aus: Paul-Heinz Koesters: „Ökonomen verändern die Welt", Stern-Buch im Verlag Gruner + Jahr AG & Co, Hamburg, 3. Aufl. 1983. S. 40 f.)

Aufgabe 2: *Beantworte die folgenden Fragen zum Text in vollständigen Sätzen.*

Was erlaubte ein Abkommen zwischen England und Portugal?

Ein Abkommen zwischen England und Portugal erlaubte den zollfreien Austausch von portugiesischem Wein und britischem Tuch.

II. Das Prinzip des komparativen Vorteils (Teil 2)

Aufgabe 3: *Beantworte die folgenden Fragen zum Text aus Station II (Teil 1) in vollständigen Sätzen.*

a) *Gilt dieses Abkommen zwischen Portugal und England heute auch noch?*

____

____

b) *Wie hieß der Ökonom, der die „Theorie des komparativen Kostenvorteils" entwickelte?*

____

c) *Worin besteht der Gewinn der am Abkommen beteiligten Länder?*

____

____

____

d) *Stell dir vor, ein deutsches Unternehmen hätte nach diesem Prinzip gewirtschaftet und 20 Arbeitskräfte übrig, die es woanders einsetzen könnte. Wäre das so einfach möglich?*

____

____

____

e) *Wäre es sinnvoll, wenn Arbeitskräfte übrig sind, einfach mehr von einem Produkt herzustellen? Lies dazu folgendes Beispiel.*

> Unternehmen C. produziert parfümierte Seifen und Duschgels. Die Lager sind halbvoll und es gibt keine Lieferengpässe. Durch geschicktes Wirtschaften ist es dem Juniorchef gelungen, fünf Arbeitskräfte einzusparen. Da der Juniorchef während seines Studiums von Ricardos „Theorie des komparativen Kostenvorteils" gehört hat, möchte er sie jetzt einmal ausprobieren und setzt diese Arbeitskräfte in der Produktion zusätzlicher Seifen und Duschgels ein.

Welche Probleme dürfte der Juniorchef recht bald bekommen? Was hat er nicht beachtet?

____

____

____

KOHL VERLAG Stationenlernen WIRTSCHAFT 9.-10. Schuljahr – Bestell-Nr. 11 775

II. Das Prinzip des komparativen Vorteils (Teil 2)

Lösungen

Aufgabe 3: *Beantworte die folgenden Fragen zum Text aus Station II (Teil 1) in vollständigen Sätzen.*

a) *Gilt dieses Abkommen zwischen Portugal und England heute auch noch?*

Nein, diese Abkommen gilt heute nicht mehr. Es bestand von 1703 bis 1842.

b) *Wie hieß der Ökonom, der die „Theorie des komparativen Kostenvorteils" entwickelte?*

Der Ökonom hieß David Ricardo.

c) *Worin besteht der Gewinn der am Abkommen beteiligten Länder?*

Beide Länder sparen Arbeitskräfte ein, die sie entweder in anderen Bereichen einsetzen können oder diese Arbeitskräfte produzieren mehr Wein bzw. Tuch, das dann für mehr Tuch bzw. Wein eingetauscht werden kann.

d) *Stell dir vor, ein deutsches Unternehmen hätte nach diesem Prinzip gewirtschaftet und 20 Arbeitskräfte übrig, die es woanders einsetzen könnte. Wäre das so einfach möglich?*

Diese Arbeitskräfte woanders einzusetzen, wäre eher schwierig, da jede dieser Arbeitskräfte möglicherweise eine andere Ausbildung hat und nicht an jedem Arbeitsplatz arbeiten könnte.

e) *Wäre es sinnvoll, wenn Arbeitskräfte übrig sind, einfach mehr von einem Produkt herzustellen? Lies dazu folgendes Beispiel.*

> Unternehmen C. produziert parfümierte Seifen und Duschgels. Die Lager sind halbvoll und es gibt keine Lieferengpässe. Durch geschicktes Wirtschaften ist es dem Juniorchef gelungen, fünf Arbeitskräfte einzusparen. Da der Juniorchef während seines Studiums von Ricardos „Theorie des komparativen Kostenvorteils" gehört hat, möchte er sie jetzt einmal ausprobieren und setzt diese Arbeitskräfte in der Produktion zusätzlicher Seifen und Duschgels ein.

Welche Probleme dürfte der Juniorchef recht bald bekommen? Was hat er nicht beachtet?

Der Juniorchef hat nicht beachtet, dass er keinen Vertrag mit einem anderen Unternehmen oder Land hat, das ihm die Waren abkauft. Er wird sehr bald Überschüsse produzieren, die ihm niemand abkauft.

KOHL VERLAG Stationenlernen WIRTSCHAFT 9.-10. Schuljahr – Bestell-Nr. 11 775

III. Wie setzt sich der Preis für ein Produkt zusammen?

Herr Sch. ist Milchbauer. Auf seinem Hof hält er 240 Kühe. Jede seiner Kühe gibt täglich im Durchschnitt 30 l Milch.
Der Liter Milch kostet den Verbraucher beim Discounter 0,59 €. Davon zahlen die Molkereien den Milcherzeugern einen Auszahlungspreis von höchstens 0,33 € pro Liter Milch.

Von den milcherzeugenden Betrieben wird die Rohmilch an die Molkereien geliefert.
Die Milcherzeuger erhalten für die Rohmilch einen Auszahlungspreis.

Aufgabe 1: *Eine Molkerei kauft Landwirt Sch. ein Jahr (365 Tage) lang die gesamte Milchmenge zu oben genanntem Auszahlungspreis ab.*

a) Berechne Milchbauer Sch.'s Jahreseinnahme aus der Milchproduktion.

____

b) *Doch mit welchen Kosten muss ein Milchviehhalter rechnen? Fülle dazu den Lückentext mit den Lückenwörtern aus.*

Kälbern – Unternehmer – Aufzucht – Wettbewerb – Weideflächen – Produktionskosten – Melkmaschinen – Gebäuden

Der Milchviehhalter unserer Zeit ist ein ________________, der im nationalen und internationalen ______________ steht. Wie in jedem anderen Unternehmen auch, fallen auch hier eine Menge ________________________ an. Dazu gehören die Kosten für:

- Neuanschaffungen,
- die Instandhaltung von ______________,
- technische Vorrichtungen wie __________________, Kühlgeräte, Leitungssysteme für die gemolkene Milch,
- Futter,
- den Tierarzt,
- die Pacht von Futter- und __________________,
- den Kauf und die _____________ von _____________,
- Versicherungen,
- die Milchquoten,
- Mitarbeiter (Löhne).

Informiere dich im Internet, ob sich die Milchviehhaltung für Landwirt Sch. überhaupt noch lohnt. Kann Milchbauer Sch. jeden Monat mit einem verlässlichen Einkommen rechnen oder legt er bei der Milchproduktion eher noch drauf?

III. Wie setzt sich der Preis für ein Produkt zusammen?

Prinzipien der Wirtschaftlichkeit

Lösungen

Herr Sch. ist Milchbauer. Auf seinem Hof hält er 240 Kühe. Jede seiner Kühe gibt täglich im Durchschnitt 30 l Milch.
Der Liter Milch kostet den Verbraucher beim Discounter 0,59 €. Davon zahlen die Molkereien den Milcherzeugern einen Auszahlungspreis von höchstens 0,33 € pro Liter Milch.

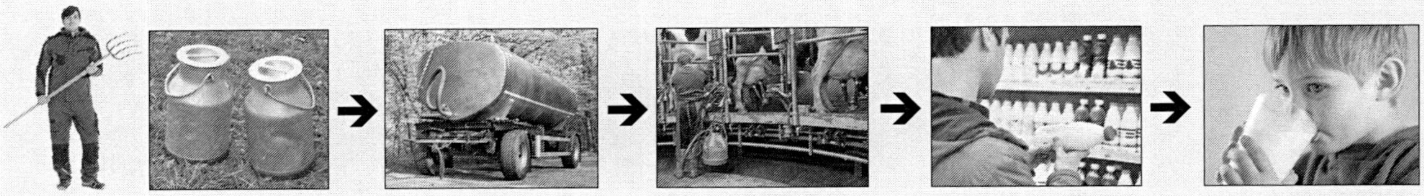

Von den milcherzeugenden Betrieben wird die Rohmilch an die Molkereien geliefert. Die Milcherzeuger erhalten für die Rohmilch einen Auszahlungspreis.

<u>Aufgabe 1</u>: *Eine Molkerei kauft Landwirt Sch. ein Jahr (365 Tage) lang die gesamte Milchmenge zu oben genanntem Auszahlungspreis ab.*

a) Berechne Milchbauer Sch.'s Jahreseinnahme aus der Milchproduktion.

365 Tage • 240 Kühe • 30 l • 0,33 € = 867 240 €

b) *Doch mit welchen Kosten muss ein Milchviehhalter rechnen? Fülle dazu den Lückentext mit den Lückenwörtern aus.*

Kälbern – Unternehmer – Aufzucht – Wettbewerb – Weideflächen – Produktionskosten – Melkmaschinen – Gebäuden

Der Milchviehhalter unserer Zeit ist ein **Unternehmer**, der im nationalen und internationalen **Wettbewerb** steht. Wie in jedem anderen Unternehmen auch, fallen auch hier eine Menge **Produktionskosten** an. Dazu gehören die Kosten für:

- Neuanschaffungen,
- die Instandhaltung von **Gebäuden**,
- technische Vorrichtungen wie **Melkmaschinen**, Kühlgeräte, Leitungssysteme für die gemolkene Milch,
- Futter,
- den Tierarzt,
- die Pacht von Futter- und **Weideflächen**,
- den Kauf und die **Aufzucht** von **Kälbern**,
- Versicherungen,
- die Milchquoten,
- Mitarbeiter (Löhne).

Informiere dich im Internet, ob sich die Milchviehhaltung für Landwirt Sch. überhaupt noch lohnt. Kann Milchbauer Sch. jeden Monat mit einem verlässlichen Einkommen rechnen oder legt er bei der Milchproduktion eher noch drauf?

KOHL VERLAG Stationenlernen WIRTSCHAFT 9.–10. Schuljahr – Bestell-Nr. 11 775

IV. Verantwortungsvoller Umgang mit Ressourcen – Nachhaltigkeit

Auch ein verantwortungsvoller Umgang mit Ressourcen, die uns zur Verfügung stehen und gestellt werden, gehört zu den Prinzipien der Wirtschaftlichkeit. Luft, sauberes Wasser, Rohstoffe wie Öl, Gas, Erze, Boden – alle diese Ressourcen nutzen wir in irgendeiner Form täglich, ohne uns dessen bewusst zu sein.
Nur irgendwann sind diese Ressourcen verbraucht oder verschmutzt, sodass spätere Generationen wie unsere Urenkel sie nicht mehr nutzen können. Wir können aber unser Verhalten nachhaltig ändern, sodass auch noch die Generationen nach uns diese Ressourcen nutzen können.

Das ökonomische Prinzip

In der Wirtschaftslehre wird davon ausgegangen, dass sich der wirtschaftende Mensch bei seinen Entscheidungen vernünftig (rational) verhält. Im Hinblick auf die knappen zur Verfügung stehenden Mittel bedeutet das:

- Der wirtschaftende Mensch versucht mit einem bestimmten Aufwand einen möglichst großen Ertrag zu erzielen. Dieses Prinzip wird ***Maximalprinzip*** genannt.
- Vom ***Minimalprinzip*** spricht man, wenn der wirtschaftende Mensch versucht, einen bestimmten Ertrag mit einem möglichst geringen Aufwand zu erzielen.

Das ökonomische Prinzip kann auch beim Umgang mit knappen Ressourcen angewendet werden.

<u>Beispiel</u>: Ich fahre kurze Strecken mit dem Fahrrad, um möglichst viel Luft sauber zu halten, oder um möglichst wenig Luft zu verschmutzen.

<u>Aufgabe 1</u>: *Finde mindestens fünf weitere Beispiele, wie wir mit unseren Ressourcen verantwortungsvoll und nachhaltig umgehen können. Wende dabei das ökonomische Prinzip an.*

⇨ ____

____

⇨ ____

____

⇨ ____

____

⇨ ____

____

⇨ ____

____

IV. Verantwortungsvoller Umgang mit Ressourcen – Nachhaltigkeit

Auch ein verantwortungsvoller Umgang mit Ressourcen, die uns zur Verfügung stehen und gestellt werden, gehört zu den Prinzipien der Wirtschaftlichkeit. Luft, sauberes Wasser, Rohstoffe wie Öl, Gas, Erze, Boden – alle diese Ressourcen nutzen wir in irgendeiner Form täglich, ohne uns dessen bewusst zu sein.

Nur irgendwann sind diese Ressourcen verbraucht oder verschmutzt, sodass spätere Generationen wie unsere Urenkel sie nicht mehr nutzen können. Wir können aber unser Verhalten nachhaltig ändern, sodass auch noch die Generationen nach uns diese Ressourcen nutzen können.

Das ökonomische Prinzip

In der Wirtschaftslehre wird davon ausgegangen, dass sich der wirtschaftende Mensch bei seinen Entscheidungen vernünftig (rational) verhält. Im Hinblick auf die knappen zur Verfügung stehenden Mittel bedeutet das:

- Der wirtschaftende Mensch versucht mit einem bestimmten Aufwand einen möglichst großen Ertrag zu erzielen. Dieses Prinzip wird ***Maximalprinzip*** genannt.
- Vom ***Minimalprinzip*** spricht man, wenn der wirtschaftende Mensch versucht, einen bestimmten Ertrag mit einem möglichst geringen Aufwand zu erzielen.

Das ökonomische Prinzip kann auch beim Umgang mit knappen Ressourcen angewendet werden.

Beispiel: Ich fahre kurze Strecken mit dem Fahrrad, um möglichst viel Luft sauber zu halten, oder um möglichst wenig Luft zu verschmutzen.

Aufgabe 1: *Finde mindestens fünf weitere Beispiele, wie wir mit unseren Ressourcen verantwortungsvoll und nachhaltig umgehen können. Wende dabei das ökonomische Prinzip an.*

⇨ **Individuelle Lösungen.**

⇨

⇨

⇨

⇨

I. Zinsen

Der Zins, von lat. census = Vermögensschätzung, Steuerliste, ist der Preis für die leihweise Bereitstellung von Geldkapital.

Aufgabe 1: **a)** *Warum überlassen beispielsweise private Haushalte Kreditinstituten (Banken) einen Teil ihres Geldes für eine gewisse Zeit (Sparen) und horten es nicht zu Hause im Sparstrumpf?*

b) *Herr J. möchte sich bei seiner Bank Geld für den Ausbau des Dachstuhls leihen. Spielen Zinsen auch in diesem Fall eine Rolle?*

c) *Der Zins stellt auch eine Prämie für übernommenes Risiko dar. Stell dir einmal vor, du hast jemandem eine größere Summe Geld geliehen. Wann ist das Risiko höher, dass du das Geld vom Schuldner nicht in vollem Umfang zurückbekommst? Bei einer längeren oder kürzeren Ausleihfrist? Wann wäre der Zins höher, wann niedriger?*

d) *Sind die Zinsen, die für Kredite an die Bank gezahlt werden müssen, genau so hoch wie die Zinsen, die die Bank für Spareinlagen an die Geldanleger zahlt? Informiere dich auch im Internet und/oder im Wirtschaftsteil einer Zeitung.*

KOHL VERLAG
Stationenlernen WIRTSCHAFT
9.-10. Schuljahr – Bestell-Nr. 11 775

I. Zinsen

Vom Geld

Lösungen

> Der Zins, von lat. census = Vermögensschätzung, Steuerliste, ist der Preis für die leihweise Bereitstellung von Geldkapital.

Aufgabe 1: a) *Warum überlassen beispielsweise private Haushalte Kreditinstituten (Banken) einen Teil ihres Geldes für eine gewisse Zeit (Sparen) und horten es nicht zu Hause im Sparstrumpf?*

Private Haushalte überlassen Kreditinstituten (Banken) einen Teil ihres Geldes für eine gewisse Zeit (Sparen), weil für den Verzicht/die Überlassung auf dieses Geld/des Geldes ein Zins gezahlt wird. Es lohnt sich für den privaten Haushalt, das Geld nicht zu Hause im Sparstrumpf zu horten, sondern gegen Zinszahlungen bei einer Bank zu sparen.

b) *Herr J. möchte sich bei seiner Bank Geld für den Ausbau des Dachstuhls leihen. Spielen Zinsen auch in diesem Fall eine Rolle?*

Ja, Zinsen spielen auch in diesem Fall eine Rolle. Herr J. muss für die leihweise Bereitstellung der benötigten Geldsumme Zinsen bezahlen.

c) *Der Zins stellt auch eine Prämie für übernommenes Risiko dar. Stell dir einmal vor, du hast jemandem eine größere Summe Geld geliehen. Wann ist das Risiko höher, dass du das Geld vom Schuldner nicht in vollem Umfang zurückbekommst? Bei einer längeren oder kürzeren Ausleihfrist? Wann wäre der Zins höher, wann niedriger?*

Das Risiko, das Geld vom Schuldner nicht in vollem Umfang zurückzubekommen, ist bei einer längeren Ausleihfrist höher. Folglich sind auch die Zinsen bei einer längeren Ausleihfrist höher.

d) *Sind die Zinsen, die für Kredite an die Bank gezahlt werden müssen, genau so hoch wie die Zinsen, die die Bank für Spareinlagen an die Geldanleger zahlt? Informiere dich auch im Internet und/oder im Wirtschaftsteil einer Zeitung.*

Zinsen, die für Kredite an die Bank gezahlt werden müssen, sind wesentlich höher als die Zinsen, die die Bank für Spareinlagen an die Geldanleger zahlt.

Stationenlernen WIRTSCHAFT
9.-10. Schuljahr – Bestell-Nr. 11 775
KOHL VERLAG

II. Die Aufgaben des Geldes

Aufgabe 1: *Lies den Informationstext sorgfältig durch und unterstreiche im Text einzelne Begriffe, die etwas über die Aufgaben des Geldes aussagen.*

Geld ist ein Mittel, um eine Ware oder Dienstleistung gegen eine andere einzutauschen. Man kann Geld daher auch als allgemein anerkanntes Tauschmittel bezeichnen. Durch Geld ist eine allgemeine Preisbildung möglich geworden. Der Wert einer Ware oder Dienstleistung wird in Geld ausgedrückt (Geld als Wertmaßstab). Mit Geld ist eine Wertübertragung möglich, z.B. Auszahlung des Taschengeldes oder einer Erbschaft. In diesem Fall ist Geld Wertübertragungsmittel.

Wir können Geld auch sparen. Geld ist dann ein Wertaufbewahrungsmittel. Der Euro ist in den meisten EU-Staaten gesetzliches Zahlungsmittel.

Aufgabe 2: *Nenne für jede Aufgabe des Geldes ein Beispiel.*

Geld als Tauschmittel	
Geld als Wertmaßstab	
Geld als Wertübertragungsmittel	
Geld als Wertaufbewahrungsmittel	
Geld als gesetzliches Zahlungsmittel	

Aufgabe 3: *Welche Funktionen erfüllt das Geld in den folgenden Beispielen?*

Tante Martina und meine Mutter haben von ihrem verstorbenen Vater jeweils 120 000 € geerbt.	
Anna bekommt zum Geburtstag 100 € geschenkt. Sie zahlt das Geld bei der Bank auf ihr Sparkonto ein.	
Herr R. hat in Frankreich Urlaub gemacht. Nun bezahlt er an der Rezeption seine Hotelrechnung.	

KOHL VERLAG Stationenlernen WIRTSCHAFT 9.-10. Schuljahr – Bestell-Nr. 11 775

Vom Geld

II. Die Aufgaben des Geldes

Lösungen

Aufgabe 1: *Lies den Informationstext sorgfältig durch und unterstreiche im Text einzelne Begriffe, die etwas über die Aufgaben des Geldes aussagen.*

Geld ist ein Mittel, um eine Ware oder Dienstleistung gegen eine andere einzutauschen. Man kann Geld daher auch als allgemein anerkanntes Tauschmittel bezeichnen. Durch Geld ist eine allgemeine Preisbildung möglich geworden. Der Wert einer Ware oder Dienstleistung wird in Geld ausgedrückt (Geld als Wertmaßstab). Mit Geld ist eine Wertübertragung möglich, z.B. Auszahlung des Taschengeldes oder einer Erbschaft. In diesem Fall ist Geld Wertübertragungsmittel.
Wir können Geld auch sparen. Geld ist dann ein Wertaufbewahrungsmittel. Der Euro ist in den meisten EU-Staaten gesetzliches Zahlungsmittel.

Aufgabe 2: *Nenne für jede Aufgabe des Geldes ein Beispiel.*

Mögliche Lösungen:

Geld als Tauschmittel	**Ich tausche 0,69 € gegen einen Liter Milch.**
Geld als Wertmaßstab	**Der Wert des Fahrrads dort im Schaufenster beträgt 565 €.**
Geld als Wertübertragungsmittel	**Ich bekomme jeden Ersten des Monats mein Taschengeld ausgezahlt.**
Geld als Wertaufbewahrungsmittel	**Geld, das ich zum Geburtstag und anderen Festen geschenkt bekomme, spare ich auf einem Sparkonto.**
Geld als gesetzliches Zahlungsmittel	**Mit meinen Euros kann ich in den Staaten, in denen der Euro gesetzliches Zahlungsmittel ist, Waren und Dienstleistungen bezahlen.**

Aufgabe 3: *Welche Funktionen erfüllt das Geld in den folgenden Beispielen?*

Tante Martina und meine Mutter haben von ihrem verstorbenen Vater jeweils 120 000 € geerbt.	**Wertübertragungsmittel**
Anna bekommt zum Geburtstag 100 € geschenkt. Sie zahlt das Geld bei der Bank auf ihr Sparkonto ein.	**Wertaufbewahrungsmittel**
Herr R. hat in Frankreich Urlaub gemacht. Nun bezahlt er an der Rezeption seine Hotelrechnung.	**gesetzliches Zahlungsmittel**

KOHL VERLAG Stationenlernen WIRTSCHAFT 9.-10. Schuljahr – Bestell-Nr. 11 775

III. Darlehen, Kredite, Schulden (Teil 1)

Wenn du einem Klassenkameraden Geld leihst, gewährst du ihm einen Kredit bzw. ein Darlehen. Dein Klassenkamerad hat also nun Schulden bei dir. Er verspricht dir, das Geld in zwei Wochen mit fünf Prozent Zinsen zurückzuzahlen.

Aufgabe 1: *Was auf dem Pausenhof funktioniert, findet auch in der Wirtschaft und auf dem Geldmarkt Anwendung. Fülle dazu den Lückentext mit den Lückenwörtern aus.*

Bauspardarlehen – Kredit – Zinshöhe – wohnwirtschaftliche – Laufzeit – Staat – Zahlungsfähigkeit – Unternehmen – Zins – Geldbetrag – Gegenleistung – verpflichtet – Rückgabe

Der Begriff ____________ kommt von lat. creditum und bedeutet Darlehen; das Anvertraute. Leiht man einer Person, einem ________________ oder dem _________ einen festgelegten _______________ oder andere Sachen, so _______________ sich der Empfänger des Kredits zur späteren ______________ der Sachen bzw. Rückzahlung des Geldbetrages. Als __________________ für die Gewährung eines Kredits wird ein __________ erhoben.

Die Gewährung von Krediten ist von drei Faktoren abhängig:

- Von der _____________________ (Sicherheit) des Kreditnehmers,
- von der _____________ des Kredits und
- von der _____________.

Eine Ausnahme stellen _____________________ (Bausparen) dar. Sie dürfen nur für _______________________ Zwecke, wie den Bau oder Kauf von Wohngebäuden, Eigentumswohnungen oder Baugrundstücken verwendet werden.

Aufgabe 2: *Handelt es sich in den folgenden Beispielen um Kredite bzw. Darlehen? Schreibe zu jedem Beispiel eine kurze Begründung, warum es sich um einen oder doch keinen Kredit handelt.*

Herr Z. überzieht regelmäßig sein Bankkonto. Für diese genehmigte Überziehung bis zu einem festgelegten Geldbetrag muss er Zinsen zahlen.	
Du bekommst von deinen Großeltern 50 € geschenkt.	
Du leihst einem guten Freund 100 €. Ihr vereinbart schriftlich, dass er dir das Geld in drei Monaten mit 2% Zinsen zurückzahlen soll.	

KOHL VERLAG Stationenlernen WIRTSCHAFT 9.-10. Schuljahr – Bestell-Nr. 11 775

III. Darlehen, Kredite, Schulden (Teil 1)

Wenn du einem Klassenkameraden Geld leihst, gewährst du ihm einen Kredit bzw. ein Darlehen. Dein Klassenkamerad hat also nun Schulden bei dir. Er verspricht dir, das Geld in zwei Wochen mit fünf Prozent Zinsen zurückzuzahlen.

Aufgabe 1: *Was auf dem Pausenhof funktioniert, findet auch in der Wirtschaft und auf dem Geldmarkt Anwendung. Fülle dazu den Lückentext mit den Lückenwörtern aus.*

Bauspardarlehen – Kredit – Zinshöhe – wohnwirtschaftliche – Laufzeit – Staat – Zahlungsfähigkeit – Unternehmen – Zins – Geldbetrag – Gegenleistung – verpflichtet – Rückgabe

Der Begriff **Kredit** kommt von lat. creditum und bedeutet Darlehen; das Anvertraute. Leiht man einer Person, einem **Unternehmen** oder dem **Staat** einen festgelegten **Geldbetrag** oder andere Sachen, so **verpflichtet** sich der Empfänger des Kredits zur späteren **Rückgabe** der Sachen bzw. Rückzahlung des Geldbetrages. Als **Gegenleistung** für die Gewährung eines Kredits wird ein **Zins** erhoben.

Die Gewährung von Krediten ist von drei Faktoren abhängig:

- Von der **Zahlungsfähigkeit** (Sicherheit) des Kreditnehmers,
- von der **Laufzeit** des Kredits und
- von der **Zinshöhe**.

Eine Ausnahme stellen **Baustpardarlehen** (Bausparen) dar. Sie dürfen nur für **wohnwirtschaftliche** Zwecke, wie den Bau oder Kauf von Wohngebäuden, Eigentumswohnungen oder Baugrundstücken verwendet werden.

Aufgabe 2: *Handelt es sich in den folgenden Beispielen um Kredite bzw. Darlehen? Schreibe zu jedem Beispiel eine kurze Begründung, warum es sich um einen oder doch keinen Kredit handelt.*

Herr Z. überzieht regelmäßig sein Bankkonto. Für diese genehmigte Überziehung bis zu einem festgelegten Geldbetrag muss er Zinsen zahlen.	**Kredit, weil es sich um geliehenes Geld bis zu einem festgelegten Geldbetrag handelt, für das Zinsen erhoben werden.**
Du bekommst von deinen Großeltern 50 € geschenkt.	**Kein Kredit, weil ich das Geld nicht (also auch keine Zinsen) zurückzahlen muss.**
Du leihst einem guten Freund 100 €. Ihr vereinbart schriftlich, dass er dir das Geld in drei Monaten mit 2% Zinsen zurückzahlen soll.	**Es handelt sich um einen Kredit. Der Freund zahlt als Gegenleistung für die Gewährung des Kredits 2% Zinsen. Außerdem verpflichtet er sich zur späteren Rückzahlung.**

KOHL VERLAG Lernen mit Erfolg
Stationenlernen WIRTSCHAFT
9.-10. Schuljahr – Bestell-Nr. 11 775

III. Darlehen, Kredite, Schulden (Teil 2)

Aufgabe 3: *Du benötigst dringend 1000 €. Dir werden folgende Möglichkeiten angeboten:*

a) Die Bank erwartet, dass du den Kredit mit 10% Zinsen innerhalb der nächsten zwei Jahre zurückzahlen kannst.

b) Ein guter Kumpel nimmt nur 5% Zinsen, möchte sein Geld aber innerhalb der nächsten acht Monate zurückhaben.

Prüfe beide Kredit-Angebote und begründe deine Entscheidung.

____

____

____

Aufgabe 4: *Beantworte die folgenden Fragen in vollständigen Sätzen.*

a) Von welchen Faktoren ist die Gewährung eines Kredits abhängig?

____

____

____

____

____

____

b) Erkläre, warum ein Bauspardarlehen zweckgebunden ist.

____

____

____

____

____

____

____

____

____

III. Darlehen, Kredite, Schulden (Teil 2)

Aufgabe 3: *Du benötigst dringend 1000 €. Dir werden folgende Möglichkeiten angeboten:*

a) Die Bank erwartet, dass du den Kredit mit 10% Zinsen innerhalb der nächsten zwei Jahre zurückzahlen kannst.

b) Ein guter Kumpel nimmt nur 5% Zinsen, möchte sein Geld aber innerhalb der nächsten acht Monate zurückhaben.

Prüfe beide Kredit-Angebote und begründe deine Entscheidung.

Berücksichtigt werden müssen: Höhe des Zinssatzes, Laufzeit des Kredits, kann ich den Kredit überhaupt mit Zinsen zurückzahlen?

Aufgabe 4: *Beantworte die folgenden Fragen in vollständigen Sätzen.*

a) Von welchen Faktoren ist die Gewährung eines Kredits abhängig?

Die Gewährung eines Kredits ist von der Zahlungsfähigkeit des Kreditnehmers, der Laufzeit des Kredits und von der Zinshöhe abhängig.

b) Erkläre, warum ein Bauspardarlehen zweckgebunden ist.

Ein Bauspardarlehen darf nur für wohnwirtschaftliche Zwecke, wie Bau oder Kauf von Wohngebäuden, Eigentumswohnungen oder Baugrundstücken verwendet werden.

KOHL VERLAG Stationenlernen WIRTSCHAFT 9.-10. Schuljahr – Bestell-Nr. 11 775

IV. Die Bank im Wirtschaftskreislauf

Aufgabe 1: *Banken sind Unternehmen, die Geldgeschäfte tätigen dürfen. Welche Geldgeschäfte fallen dir dazu ein?*

____

____

Aufgabe 2: *Aus dem Wirtschaftskreislauf wissen wir, dass die Unternehmen Güter und Dienstleistungen anbieten und Arbeitskraft bei den Haushalten nachfragen. Die Haushalte bieten den Unternehmen ihre Arbeitskraft an und fragen Güter und Dienstleistungen nach. Doch welche Aufgaben übernimmt nun eine Bank im Wirtschafts- bzw. Geldkreislauf? Fülle dazu den Lückentext mit den folgenden Begriffen aus.*

Wohnungsmiete – fremden – Abwicklung – leihen – Zinsen – Zinsen – bargeldlose – Bankschalter – Kreditgeschäften – anlegen – Geldautomaten – überweisen – überweisen – Mittler – Sparkasse – Überweisungen – Umverteilung – Lastschriften – Girokonto – Zahlungsverkehrs – Löhne und Gehälter

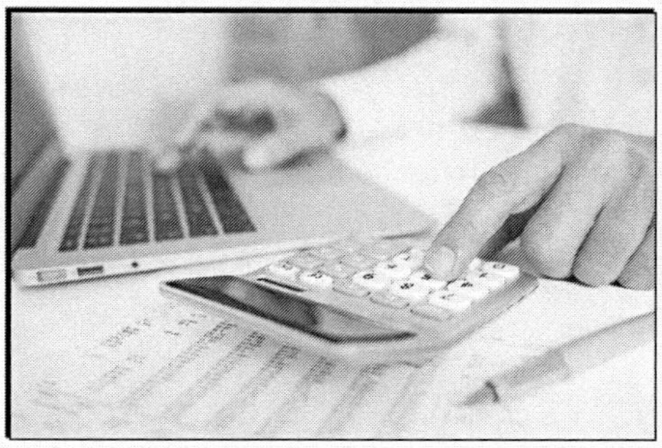

Eine wichtige Aufgabe der Banken ist die ______________ des Zahlungsverkehrs. Fast jeder hat heute ein ____________ bei einer Bank oder ____________. Über dieses Girokonto werden ______________ Zahlungen, aber auch Barzahlungen durchgeführt. Bargeld kann der Bankkunde von seinem Girokonto am ________________ oder am ________________ abheben.

Zum bargeldlosen Zahlungsverkehr gehören ________________, Kartenzahlungen und ________________. Die Unternehmen ______________ beispielsweise den Haushalten ihre ______________________ für die geleistete Arbeit auf deren Girokonten. Die Haushalte ________________ von diesem Geld auf ihren Girokonten fällige Rechnungen, ___________________, bezahlen mit EC-Karte den Einkauf im Supermarkt usw..

Eine weitere bedeutende Aufgabe von Banken ist die _______________ von Geld. Manche Kunden möchten Geld _____________. Die Bank nimmt dieses Geld als Einlage und zahlt den Kunden dafür ___________. Andere Kunden möchten sich bei der Bank Geld ___________. Diese Kunden erhalten das Geld als Kredit, für den sie ____________ zahlen müssen.

Banken sind also ___________ zwischen Kapitalgebern und Kapitalnehmern. Banken bieten neben der Abwicklung des __________________ und __________________ ihre Dienstleistungen auch noch in der Vermögensberatung und -verwaltung, Vermittlung von ___________ Währungen usw. an.

Stationenlernen WIRTSCHAFT 9.-10. Schuljahr – Bestell-Nr. 11 775 KOHL VERLAG

IV. Die Bank im Wirtschaftskreislauf

Vom Geld

Lösungen

Aufgabe 1: *Banken sind Unternehmen, die Geldgeschäfte tätigen dürfen. Welche Geldgeschäfte fallen dir dazu ein?*

Mögliche Lösungen: Kredite, bargeldlose Zahlungsarten, Tausch von € in fremde Währungen, Geldanlage (Sparkonten) usw.

Aufgabe 2: *Aus dem Wirtschaftskreislauf wissen wir, dass die Unternehmen Güter und Dienstleistungen anbieten und Arbeitskraft bei den Haushalten nachfragen. Die Haushalte bieten den Unternehmen ihre Arbeitskraft an und fragen Güter und Dienstleistungen nach. Doch welche Aufgaben übernimmt nun eine Bank im Wirtschafts- bzw. Geldkreislauf? Fülle dazu den Lückentext mit den folgenden Begriffen aus.*

Wohnungsmiete – fremden – Abwicklung – leihen – Zinsen – Zinsen – bargeldlose – Bankschalter – Kreditgeschäften – anlegen – Geldautomaten – überweisen – überweisen – Mittler – Sparkasse – Überweisungen – Umverteilung – Lastschriften – Girokonto – Zahlungsverkehrs – Löhne und Gehälter

Eine wichtige Aufgabe der Banken ist die **Abwicklung** des Zahlungsverkehrs. Fast jeder hat heute ein **Girokonto** bei einer Bank oder **Sparkasse**. Über dieses Girokonto werden **bargeldlose** Zahlungen, aber auch Barzahlungen durchgeführt. Bargeld kann der Bankkunde von seinem Girokonto am **Geldautomaten** oder am **Bankschalter** abheben.

Zum bargeldlosen Zahlungsverkehr gehören **Überweisungen**, Kartenzahlungen und **Lastschriften**. Die Unternehmen **überweisen** beispielsweise den Haushalten ihre **Löhne und Gehälter** für die geleistete Arbeit auf deren Girokonten. Die Haushalte **überweisen** von diesem Geld auf ihren Girokonten fällige Rechnungen, **Wohnungsmiete**, bezahlen mit EC-Karte den Einkauf im Supermarkt usw..

Eine weitere bedeutende Aufgabe von Banken ist die **Umverteilung** von Geld. Manche Kunden möchten Geld **anlegen**. Die Bank nimmt dieses Geld als Einlage und zahlt den Kunden dafür **Zinsen**. Andere Kunden möchten sich bei der Bank Geld **leihen**. Diese Kunden erhalten das Geld als Kredit, für den sie **Zinsen** zahlen müssen.

Banken sind also **Mittler** zwischen Kapitalgebern und Kapitalnehmern. Banken bieten neben der Abwicklung des **Zahlungsverkehrs** und **Kreditgeschäften** ihre Dienstleistungen auch noch in der Vermögensberatung und -verwaltung, Vermittlung von **fremden** Währungen usw. an.

KOHL VERLAG
Stationenlernen WIRTSCHAFT
9.-10. Schuljahr – Bestell-Nr. 11 775

V. Mein eigenes Girokonto

Viele Banken bieten Kindern und Jugendlichen zum Einstieg in die Bankgeschäfte ein kostenloses Jugendkonto oder Taschengeldkonto an. Da Kinder und Jugendliche aber noch minderjährig sind, dürfen sie ein Konto nicht selbstständig eröffnen. Die Erziehungsberechtigten, z.B. Eltern müssen der Eröffnung eines Jugendkontos zustimmen und als Bevollmächtigte den Kontoantrag unterschreiben.

Außerdem muss anhand des Personalausweises der Erziehungsberechtigten und der Geburtsurkunde des Kindes bzw. Jugendlichen nachgewiesen werden, dass diese tatsächlich existieren.

Ein Taschengeldkonto oder Jugendkonto kann nicht überzogen werden. Du kannst also nur Geld von deinem Girokonto abheben, wenn auch welches darauf ist. Ansonsten sind Ein- und Auszahlungen, Daueraufträge, Überweisungen für dich von deinem Konto genauso möglich wie bei jedem anderen Girokonto auch.

„Giro" stammt aus dem Italienischen und heißt „Kreis". Damit soll der ständige Kreislauf des Geldes zwischen Personen und ihren Konten verdeutlicht werden.

Aufgabe 1: *Stimmen die folgenden Aussagen so? Wenn nicht, schreibe eine sinnvolle, richtige Aussage darunter.*

Jeder Mensch, egal wie alt, darf bei einer Bank ein Konto eröffnen.	
Ein Taschengeldkonto ist nur zum Sparen des Taschengeldes gut. Überweisungen und Daueraufträge lassen sich nicht tätigen.	
Ich kann mein Taschengeldkonto nicht überziehen. Ich kann nur Geld am Automaten abheben, wenn auch welches auf meinem Konto ist.	

Aufgabe 2: *Till, 15 Jahre alt, hat zum Geburtstag 150 € geschenkt bekommen. Das Geld möchte er für seinen Führerschein in einigen Jahren zurücklegen. Das Geld soll aber auch dann schnell wieder verfügbar sein, um Fahrstunden und Prüfungsgebühren bezahlen zu können. Jakob, ein guter Schulkamerad und das Finanzgenie der Klasse, bringt ihn auf die Idee, ein Taschengeldkonto für Kinder und Jugendliche zu eröffnen und dort das Geld einzuzahlen. Beschreibe in einem kurzen Text, wie Till dabei vorgehen muss. Schreibe in dein Heft/ deinen Ordner.*

V. Mein eigenes Girokonto

Viele Banken bieten Kindern und Jugendlichen zum Einstieg in die Bankgeschäfte ein kostenloses Jugendkonto oder Taschengeldkonto an. Da Kinder und Jugendliche aber noch minderjährig sind, dürfen sie ein Konto nicht selbstständig eröffnen. Die Erziehungsberechtigten, z.B. Eltern müssen der Eröffnung eines Jugendkontos zustimmen und als Bevollmächtigte den Kontoantrag unterschreiben.

Außerdem muss anhand des Personalausweises der Erziehungsberechtigten und der Geburtsurkunde des Kindes bzw. Jugendlichen nachgewiesen werden, dass diese tatsächlich existieren.

Ein Taschengeldkonto oder Jugendkonto kann nicht überzogen werden. Du kannst also nur Geld von deinem Girokonto abheben, wenn auch welches darauf ist. Ansonsten sind Ein- und Auszahlungen, Daueraufträge, Überweisungen für dich von deinem Konto genauso möglich wie bei jedem anderen Girokonto auch.

„Giro“ stammt aus dem Italienischen und heißt „Kreis“. Damit soll der ständige Kreislauf des Geldes zwischen Personen und ihren Konten verdeutlicht werden.

Aufgabe 1: *Stimmen die folgenden Aussagen so? Wenn nicht, schreibe eine sinnvolle, richtige Aussage darunter.*

Jeder Mensch, egal wie alt, darf bei einer Bank ein Konto eröffnen.	**Volljährige Menschen dürfen bei einer Bank ein Konto eröffnen. Minderjährige Personen wie Kinder und Jugendliche benötigen dazu die Zustimmung der Erziehungsberechtigten, die auch als Bevollmächtigte den Kontoantrag unterschreiben müssen.**
Ein Taschengeldkonto ist nur zum Sparen des Taschengeldes gut. Überweisungen und Daueraufträge lassen sich nicht tätigen.	**Ein- und Auszahlungen, Daueraufträge und Überweisungen sind von einem Taschengeldkonto genauso möglich wie von jedem anderen Girokonto auch.**
Ich kann mein Taschengeldkonto nicht überziehen. Ich kann nur Geld am Automaten abheben, wenn auch welches auf meinem Konto ist.	**Diese Aussage ist richtig.**

Aufgabe 2: *Till, 15 Jahre alt, hat zum Geburtstag 150 € geschenkt bekommen. Das Geld möchte er für seinen Führerschein in einigen Jahren zurücklegen. Das Geld soll aber auch dann schnell wieder verfügbar sein, um Fahrstunden und Prüfungsgebühren bezahlen zu können. Jakob, ein guter Schulkamerad und das Finanzgenie der Klasse, bringt ihn auf die Idee, ein Taschengeldkonto für Kinder und Jugendliche zu eröffnen und dort das Geld einzuzahlen. Beschreibe in einem kurzen Text, wie Till dabei vorgehen muss. Schreibe ins Heft/ deinen Ordner.*

Es sollten im selbst verfassten Text enthalten sein: Weil Till minderjährig ist, darf er das Konto nicht selbstständig eröffnen, Zustimmung der Eltern, die auch als Bevollmächtigte den Kontoantrag unterschreiben, Personalausweis, Geburtsurkunde, Till kann dann später die fälligen Rechnungsbeträge an die Fahrschule überweisen, dazu muss ausreichend Geld auf dem Konto sein, da ein Jugendkonto nicht überzogen werden kann.

Stationenlernen WIRTSCHAFT
9.-10. Schuljahr – Bestell-Nr. 11 775
KOHL VERLAG

VI. Überschuldung (Teil 1)

Was ist Überschuldung?

Von Überschuldung spricht man, wenn ein Schuldner seine fälligen Zahlungsverpflichtungen in absehbarer Zeit nicht begleichen kann. Dem Schuldner stehen weder Vermögen, noch irgendwelche anderen Kreditmöglichkeiten zur Verfügung.

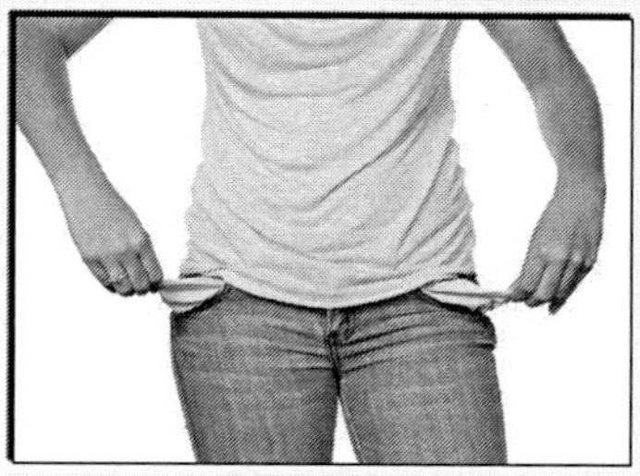

Aufgabe 1: *Ordne Begriffe oder Satzteile aus der Definition den kurzen Fallbeispielen in der Tabelle zu.*

Fallbeispiel	Begriffe oder Satzteile aus der Definition
Herr J. hat bei der Bank und bei Freunden Schulden.	***Herr J. ist ein Schuldner.***
Frau B. schafft es nicht, ihre monatlich fälligen Raten und die Miete rechtzeitig zu bezahlen.	
Herr C. hat Schulden. Seine Freunde und die Bank leihen ihm schon lange kein Geld mehr.	

Aufgabe 2: *Was können Ursachen für Überschuldung sein? Lies das Fallbeispiel sorgfältig durch und unterstreiche dann mögliche Ursachen für eine Überschuldung eines privaten Haushalts.*

Fallbeispiel:

Frau E. ist geschieden und lebt zur Miete in einer Zwei-Zimmer-Wohnung. Seit ihrer Scheidung vor zwei Jahren arbeitet sie wieder als Fleischfachverkäuferin in einem Supermarkt. Sie genießt ihr Leben und gönnt sich einen neuen Fernseher und einen Kleinwagen. Beides finanziert sie auf Ratenzahlung. Die Laufzeiten betragen 5 und 10 Jahre. Ein Jahr nach Abschluss der Ratenverträge wird ihr betriebsbedingt gekündigt. Die Supermarktkette hat finanzielle Schwierigkeiten und muss Personal einsparen. Frau E. bezieht nun Arbeitslosengeld. Das reicht gerade für Miete und Lebensmittel, jedoch nicht mehr für die Abzahlung der monatlichen Raten für Fernseher und Auto und andere Annehmlichkeiten. Schnell ist ihr Girokonto überzogen, und die Bank verlangt Überziehungszinsen. Einen Kredit bekommt sie von der Bank nicht, da sie erwerbslos ist und keine Sicherheiten wie eine eigene Immobilie anzubieten hat. In kürzester Zeit hat sich bei Frau E. ein beachtlicher Schuldenberg angehäuft, den sie nicht abzahlen kann.

KOHL VERLAG Stationenlernen WIRTSCHAFT 9.-10. Schuljahr – Bestell-Nr. 11 775

VI. Überschuldung (Teil 1)

Vom Geld

Lösungen

Was ist Überschuldung?

Von Überschuldung spricht man, wenn ein Schuldner seine fälligen Zahlungsverpflichtungen in absehbarer Zeit nicht begleichen kann. Dem Schuldner stehen weder Vermögen, noch irgendwelche anderen Kreditmöglichkeiten zur Verfügung.

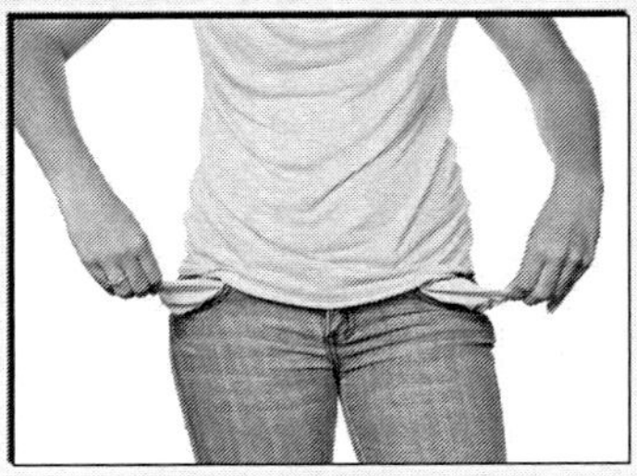

Aufgabe 1: *Ordne Begriffe oder Satzteile aus der Definition den kurzen Fallbeispielen in der Tabelle zu.*

Fallbeispiel	Begriffe oder Satzteile aus der Definition
Herr J. hat bei der Bank und bei Freunden Schulden.	***Herr J. ist ein Schuldner.***
Frau B. schafft es nicht, ihre monatlich fälligen Raten und die Miete rechtzeitig zu bezahlen.	**...seine fälligen Zahlungsverpflichtungen in absehbarer Zeit zu begleichen.**
Herr C. hat Schulden. Seine Freunde und die Bank leihen ihm schon lange kein Geld mehr.	**Dem Schuldner stehen weder Vermögen noch irgendwelche anderen Kreditmöglichkeiten zur Verfügung.**

Aufgabe 2: *Was können Ursachen für Überschuldung sein? Lies das Fallbeispiel sorgfältig durch und unterstreiche dann mögliche Ursachen für eine Überschuldung eines privaten Haushalts.*

Fallbeispiel:

Frau E. ist geschieden und lebt zur Miete in einer Zwei-Zimmer-Wohnung. Seit ihrer Scheidung vor zwei Jahren arbeitet sie wieder als Fleischfachverkäuferin in einem Supermarkt. Sie genießt ihr Leben und gönnt sich einen neuen Fernseher und einen Kleinwagen. Beides finanziert sie auf Ratenzahlung. Die Laufzeiten betragen 5 und 10 Jahre. Ein Jahr nach Abschluss der Ratenverträge wird ihr betriebsbedingt gekündigt. Die Supermarktkette hat finanzielle Schwierigkeiten und muss Personal einsparen. Frau E. bezieht nun Arbeitslosengeld. Das reicht gerade für Miete und Lebensmittel, jedoch nicht mehr für die Abzahlung der monatlichen Raten für Fernseher und Auto und andere Annehmlichkeiten. Schnell ist ihr Girokonto überzogen, und die Bank verlangt Überziehungszinsen. Einen Kredit bekommt sie von der Bank nicht, da sie erwerbslos ist und keine Sicherheiten wie eine eigene Immobilie anzubieten hat. In kürzester Zeit hat sich bei Frau E. ein beachtlicher Schuldenberg angehäuft, den sie nicht abzahlen kann.

KOHL VERLAG Stationenlernen WIRTSCHAFT 9.-10. Schuljahr – Bestell-Nr. 11 775

VI. Überschuldung (Teil 2)

Aufgabe 3: *Stell dir vor, du steckst in einer ähnlichen Situation wie Frau E. Was würdest du zuerst bezahlen? Bringe in eine sinnvolle Reihenfolge.*

Miete und Nebenkosten – Abzahlen der Raten für Auto und Fernseher – Ausgaben für Lebensmittel und Körperpflege – Handyvertrag – neue Kleidung – Kinobesuch – Kauf einiger DVDs

1. ______________________ 2. ______________________

3. ______________________ 4. ______________________

5. ______________________ 6. ______________________

7. ______________________

Aufgabe 4: *Deine Situation hat sich zugespitzt. Du musst dich entscheiden. Streiche in Aufgabe 3 alles weg, was du nicht dringend zum Überleben brauchst. Vor allem darf dein Schuldenberg nicht noch größer werden.*

Aufgabe 5: *Finde weitere Ursachen für die Überschuldung von privaten Haushalten. Informiere dich auch im Internet über die Ursachen für Überschuldung.*

____

____

Aufgabe 6: *Schreibe mit Hilfe der gefundenen Informationen aus Aufgabe 5 ein eigenes Fallbeispiel.*

____

____

____

____

____

____

____

KOHL VERLAG Stationenlernen WIRTSCHAFT 9.-10. Schuljahr – Bestell-Nr. 11 775

VI. Überschuldung (Teil 2)

Aufgabe 3: *Stell dir vor, du steckst in einer ähnlichen Situation wie Frau E. Was würdest du zuerst bezahlen? Bringe in eine sinnvolle Reihenfolge.*

Miete und Nebenkosten – Abzahlen der Raten für Auto und Fernseher – Ausgaben für Lebensmittel und Körperpflege – Handyvertrag – neue Kleidung – Kinobesuch – Kauf einiger DVDs

1. **Ausgaben für Lebensmittel und Körperpflege**
2. **Miete und Nebenkosten**
3. **3-7 = individuelle Anordnung**
4.
5.
6.
7.

Aufgabe 4: *Deine Situation hat sich zugespitzt. Du musst dich entscheiden. Streiche in Aufgabe 3 alles weg, was du nicht dringend zum Überleben brauchst. Vor allem darf dein Schuldenberg nicht noch größer werden.*

Aufgabe 5: *Finde weitere Ursachen für die Überschuldung von privaten Haushalten. Informiere dich auch im Internet über die Ursachen für Überschuldung.*

Mögliche Lösungen: Krankheit, Berufsunfähigkeit, gescheiterte Selbstständigkeit, Konsumsucht ...

Aufgabe 6: *Schreibe mit Hilfe der gefundenen Informationen aus Aufgabe 5 ein eigenes Fallbeispiel.*

Individuelle Lösungen.

KOHL VERLAG Stationenlernen WIRTSCHAFT 9.-10. Schuljahr – Bestell-Nr. 11 775

I. Gütesiegel und Prüfsiegel

Aufgabe 1: *Güte- und Prüfsiegel begegnen uns täglich. Warum es Güte- und Prüfsiegel gibt, wer sie entwerfen darf und welche Informationen sie uns liefern, erfährst du, wenn du den Lückentext mit den Lückenwörtern ausfüllst.*

kaufen – Eigenschaften – vertrauen – Abgrenzung – Gesetzliche – Hersteller – Prüfsiegel – Hinweise – Verbraucher – entwerfen - Einhaltung

Eine eindeutige ______________ zwischen Gütesiegel und Prüfsiegel gibt es nicht. Güte- und Qualitätssiegel weisen jedoch meist auf eine besondere Qualität, und ______________ auf die ______________ von sicherheitsrelevanten ______________ hin.
Grundsätzlich darf jeder Güte- oder Prüfsiegel ______________. ______________ Regelungen gibt es dazu nicht.
Güte- und Prüfsiegel sollen dem ______________ ______________ über Qualität und/oder Sicherheit eines Produkts liefern. Der Verbraucher soll dem ______________ und seinem Produkt ______________ und es schließlich ______________.

Aufgabe 2: *In welchen Fällen wird eher auf Güte- oder Prüfsiegel geachtet? Kreuze an.*

Fallbeispiel	Es wird bewusst auf Güte- oder Prüfsiegel geachtet.	Es wird kaum bis gar nicht auf Güte- oder Prüfsiegel geachtet.
Familie K. sucht beim Babyausstatter nach einem Kinderwagen und einem Babybett.		
Frau B. kauft Lebensmittel und Getränke fürs Wochenende ein.		
Herr O. kauft einen neuen Kühlschrank.		
Herr D. kauft Bier und Knabbereien für eine Party.		

Aufgabe 3: *Warum werden Familie K. und Herr O. eher, sogar bewusst auf Güte- und Prüfsiegel achten, Frau B. und Herr D. weniger?*

____

____

____

____

____

____

KOHL VERLAG Stationenlernen WIRTSCHAFT 9.-10. Schuljahr – Bestell-Nr. 11 775

I. Gütesiegel und Prüfsiegel

Lösungen

Aufgabe 1: *Güte- und Prüfsiegel begegnen uns täglich. Warum es Güte- und Prüfsiegel gibt, wer sie entwerfen darf und welche Informationen sie uns liefern, erfährst du, wenn du den Lückentext mit den Lückenwörtern ausfüllst.*

kaufen – Eigenschaften – vertrauen – Abgrenzung – Gesetzliche – Hersteller – Prüfsiegel – Hinweise – Verbraucher – entwerfen - Einhaltung

Eine eindeutige **Abgrenzung** zwischen Gütesiegel und Prüfsiegel gibt es nicht. Güte- und Qualitätssiegel weisen jedoch meist auf eine besondere Qualität, und **Prüfsiegel** auf die **Einhaltung** von sicherheitsrelevanten **Eigenschaften** hin.
Grundsätzlich darf jeder Güte- oder Prüfsiegel **entwerfen**. **Gesetzliche** Regelungen gibt es dazu nicht.
Güte- und Prüfsiegel sollen dem **Verbraucher** **Hinweise** über Qualität und/oder Sicherheit eines Produkts liefern. Der Verbraucher soll dem **Hersteller** und seinem Produkt **vertrauen** und es schließlich **kaufen**.

Aufgabe 2: *In welchen Fällen wird eher auf Güte- oder Prüfsiegel geachtet? Kreuze an.*

Fallbeispiel	Es wird bewusst auf Güte- oder Prüfsiegel geachtet.	Es wird kaum bis gar nicht auf Güte- oder Prüfsiegel geachtet.
Familie K. sucht beim Babyausstatter nach einem Kinderwagen und einem Babybett.	X	
Frau B. kauft Lebensmittel und Getränke fürs Wochenende ein.		X
Herr O. kauft einen neuen Kühlschrank.	X	
Herr D. kauft Bier und Knabbereien für eine Party.		X

Aufgabe 3: *Warum werden Familie K. und Herr O. eher, sogar bewusst auf Güte- und Prüfsiegel achten, Frau B. und Herr D. weniger?*

Die Anschaffungen von Familie K. und Herrn O. sind teurer und auch für längerfristig gedacht. Man erwartet von den Gütern Sicherheit und Qualität, z.B. lange Haltbarkeit. Familie K. und Herr O. sollen Vertrauen entwickeln und sich schließlich für ein oder mehrere Produkte entscheiden. Dabei können Güte- und Prüfsiegel möglicherweise helfen.

Frau B. und Herr D. werden Produkte kaufen, die sie schon kennen und regelmäßig kaufen. Sie müssen sich nicht neu entscheiden.

KOHL VERLAG Stationenlernen WIRTSCHAFT 9.-10. Schuljahr – Bestell-Nr. 11 775

II. Was sind Verbraucherzentralen und was leisten sie?

Die deutschen Verbraucherzentralen sind gemeinnützig arbeitende Vereine in staatlichem Auftrag. Sie werden überwiegend aus Steuermitteln finanziert und dienen dem Verbraucherschutz.

Ziel der Verbraucherzentralen ist es, die Verbraucher in Fragen des privaten Konsums zu beraten und zu informieren. Dazu gehören viele Bereiche wie Kaufrecht, Handwerkerleistungen, Schuldnerberatung, Versicherungen, private Altersvorsorge, Energie, Umwelt, Ernährung, Haushalt, für den Verbraucher nachteilige Vertragsbedingungen und Geschäftspraktiken.

Teilweise versuchen die Verbraucherzentralen auch Einfluss auf die Gesetzgebung zu nehmen.

Aufgabe 1: *Stell dir einmal folgende Situation vor: Du hast einen Vertrag von einem Handyanbieter unterschrieben (in diesem Fall bist du ausnahmsweise schon 18 Jahre alt). Einige Wochen später merkst du, dass die mündlichen Zusagen des Verkäufers nicht mit denen im Vertrag übereinstimmen und der Vertrag für dich nur Nachteile hat. Was könntest du jetzt unternehmen?*

Aufgabe 2: *Familie T. kommt mit dem monatlichen Einkommen nicht aus. Jetzt haben sie sich schon ein kleineres und sparsameres Auto zugelegt – trotzdem reicht es nicht. Gute Freunde haben ihnen geraten, sich an eine Verbraucherzentrale zu wenden.*

a) Um Familie T. umfassend beraten zu können, benötigt Frau M. aus der Schuldnerberatung einer Verbraucherzentrale verschiedene Informationen über die finanzielle Situation im Haushalt von Familie T. Welche Informationen könnten das alles sein? Schon die Zahl der im Haushalt lebenden Personen ist eine wichtige Information, die Frau M. braucht. Was fällt dir noch ein?

Stellt die Situation von Familie T. im Beratungsgespräch mit Frau M. in einem Rollenspiel dar.

b) Was könnte Frau M. Familie T. raten?

KOHL VERLAG Stationenlernen WIRTSCHAFT 9.-10. Schuljahr – Bestell-Nr. 11 775

II. Was sind Verbraucherzentralen und was leisten sie?

Lösungen

Die deutschen Verbraucherzentralen sind gemeinnützig arbeitende Vereine in staatlichem Auftrag. Sie werden überwiegend aus Steuermitteln finanziert und dienen dem Verbraucherschutz.

Ziel der Verbraucherzentralen ist es, die Verbraucher in Fragen des privaten Konsums zu beraten und zu informieren. Dazu gehören viele Bereiche wie Kaufrecht, Handwerkerleistungen, Schuldnerberatung, Versicherungen, private Altersvorsorge, Energie, Umwelt, Ernährung, Haushalt, für den Verbraucher nachteilige Vertragsbedingungen und Geschäftspraktiken.

Teilweise versuchen die Verbraucherzentralen auch Einfluss auf die Gesetzgebung zu nehmen.

Aufgabe 1: *Stell dir einmal folgende Situation vor: Du hast einen Vertrag von einem Handyanbieter unterschrieben (in diesem Fall bist du ausnahmsweise schon 18 Jahre alt). Einige Wochen später merkst du, dass die mündlichen Zusagen des Verkäufers nicht mit denen im Vertrag übereinstimmen und der Vertrag für dich nur Nachteile hat. Was könntest du jetzt unternehmen?*

Mögliche Lösung: Ich könnte mich an eine Verbraucherzentrale wenden. Dort könnte man mich beraten, mich als Verbraucher schützen und meine Interessen vertreten. In meinem Fall handelt es sich um für mich nachteilige Vertragsbedingungen und Geschäftspraktiken.

Aufgabe 2: *Familie T. kommt mit dem monatlichen Einkommen nicht aus. Jetzt haben sie sich schon ein kleineres und sparsameres Auto zugelegt – trotzdem reicht es nicht. Gute Freunde haben ihnen geraten, sich an eine Verbraucherzentrale zu wenden.*

a) Um Familie T. umfassend beraten zu können, benötigt Frau M. aus der Schuldnerberatung einer Verbraucherzentrale verschiedene Informationen über die finanzielle Situation im Haushalt von Familie T. Welche Informationen könnten das alles sein? Schon die Zahl der im Haushalt lebenden Personen ist eine wichtige Information, die Frau M. braucht. Was fällt dir noch ein?

Mögliche Lösung: Einkommen von Familie T., Zahl der erwerbstätigen Personen im Haushalt von Familie T., hat Familie T. irgendwo Schulden?, Angaben über regelmäßige Ausgaben wie Miete, Auto, Beiträge für Kindergarten und Vereine usw., für welche Strecken wird das Auto genutzt? ......

Stellt die Situation von Familie T. im Beratungsgespräch mit Frau M. in einem Rollenspiel dar.

b) Was könnte Frau M. Familie T. raten?

Mögliche Lösung: Führen eines Haushaltsbuchs – wo sind Einsparungen möglich, kurze Strecken zu Fuß und nicht mit dem Auto erledigen, eine günstigere Wohnung suchen, wenn möglich, dass eine weitere Person aus dem Haushalt von Familie T. eine Erwerbsarbeit aufnimmt....

III. Verbraucherschutz (Teil 1)

Fehlende Informationen, mangelnde Fachkenntnis und/oder Erfahrung sind häufig die Ursache dafür, dass die Verbraucher den Anbietern von Waren und/oder Dienstleistungen unterlegen sind. Aufgabe des Verbraucherschutzes ist es, dieses Ungleichgewicht auszugleichen.

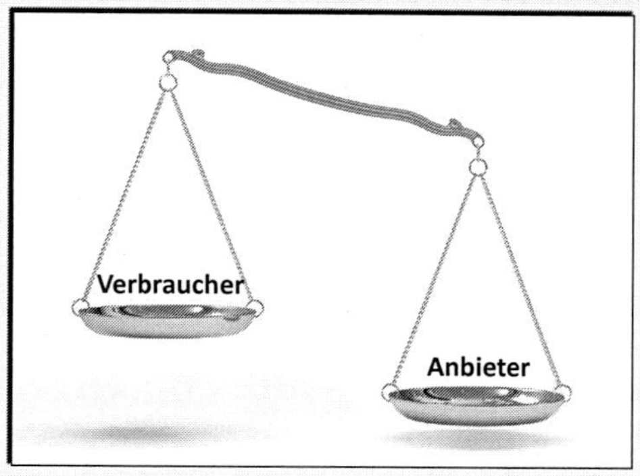

Aufgabe 1: *Für verpackte Lebensmittel sind Angaben über die Inhaltsstoffe vorgeschrieben. Informiere dich über die Inhaltsstoffe eines Lebensmittels.*

a) Fühlst du dich, nachdem du die Zutatenliste auf der Lebensmittel-Verpackung gelesen hast, gut informiert? Weißt du jetzt wirklich, was in der Packung steckt?

b) Benötigst du weitere Informationen, um die Angaben zu den Inhaltsstoffen zu verstehen? Schreibe kurz auf.

c) Wo könntest du die dir fehlenden Informationen bekommen?

Aufgabe 2: *Fallen dir Produktgruppen ein, bei denen du kaum bis gar keine Informationen über das Produkt bekommst?*

KOHL VERLAG Stationenlernen WIRTSCHAFT
9.-10. Schuljahr – Bestell-Nr. 11 775

III. Verbraucherschutz (Teil 1)

Lösungen

Fehlende Informationen, mangelnde Fachkenntnis und/oder Erfahrung sind häufig die Ursache dafür, dass die Verbraucher den Anbietern von Waren und/oder Dienstleistungen unterlegen sind. Aufgabe des Verbraucherschutzes ist es, dieses Ungleichgewicht auszugleichen.

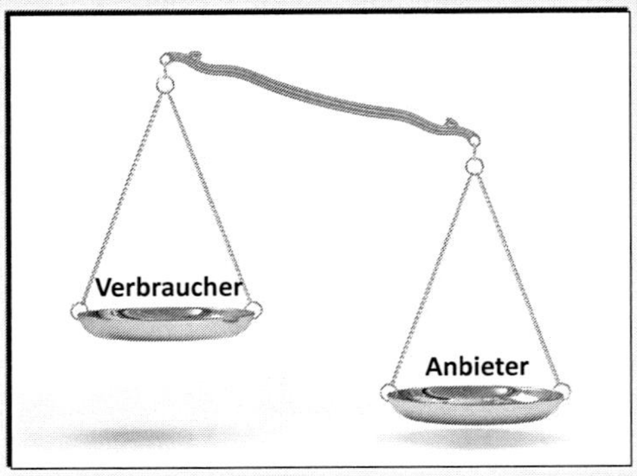

Aufgabe 1: *Für verpackte Lebensmittel sind Angaben über die Inhaltsstoffe vorgeschrieben. Informiere dich über die Inhaltsstoffe eines Lebensmittels.*

a) Fühlst du dich, nachdem du die Zutatenliste auf der Lebensmittel-Verpackung gelesen hast, gut informiert? Weißt du jetzt wirklich, was in der Packung steckt?

Individuelle Lösungen.

b) Benötigst du weitere Informationen, um die Angaben zu den Inhaltsstoffen zu verstehen? Schreibe kurz auf.

Mögliche Lösung: Ja. Ich benötige weitere Informationen. Was ist z.B. E 102 oder Glucosesirup?

c) Wo könntest du die dir fehlenden Informationen bekommen?

Lexikon, Internet, jemanden fragen, der/die sich auskennt ....

Aufgabe 2: *Fallen dir Produktgruppen ein, bei denen du kaum bis gar keine Informationen über das Produkt bekommst?*

Schuhe, Textilien ...

KOHL VERLAG Stationenlernen WIRTSCHAFT 9.-10. Schuljahr – Bestell-Nr. 11 775

III. Verbraucherschutz (Teil 2)

Aufgabe 3: *Informierst und entscheidest du dich vor und bei jedem Einkauf tatsächlich so umfassend?*

____

____

____

Aufgabe 4: *Fülle den Lückentext mit den Lückenwörtern aus.*

Verbraucher – wirtschaftliche – Verbraucherschutz – unbewusst – schutzbedürftigen – verarbeiten – Verbrauchern – Informationen

Viele, auch ______________ Entscheidungen werden in den meisten Fällen ____________ getroffen. Oft ist es den ______________ kaum möglich, an die notwendigen ______________ heranzukommen bzw. diese zu ____________.

Wir sprechen auch vom Leitbild des ________________ Verbrauchers. Entsprechend diesem Leitbild versucht der ________________ die Menschen in ihrer Rolle als ____________ von Waren und Dienstleistungen zu schützen.

Aufgabe 5: *Stimmen die Aussagen so? Wenn nicht, korrigiere die falschen Aussagen und schreibe sie dann richtig auf.*

a) Alle, auch wirtschaftliche Entscheidungen werden bewusst getroffen.

____

____

____

b) Jeder hat die Möglichkeit, an alle notwendigen Informationen heranzukommen und diese zu verarbeiten.

____

____

____

KOHL VERLAG
Stationenlernen WIRTSCHAFT
9.-10. Schuljahr – Bestell-Nr. 11 775

III. Verbraucherschutz (Teil 2)

Lösungen

Aufgabe 3: *Informierst und entscheidest du dich vor und bei jedem Einkauf tatsächlich so umfassend?*

Mögliche Lösungen: Nein, das dauert zu lange und ist zu aufwendig. / Doch, bei größeren und teureren Anschaffungen informiere ich mich sehr ausführlich.

Aufgabe 4: *Fülle den Lückentext mit den Lückenwörtern aus.*

Verbraucher – wirtschaftliche – Verbraucherschutz – unbewusst – schutzbedürftigen – verarbeiten – Verbrauchern – Informationen

Viele, auch **wirtschaftliche** Entscheidungen werden in den meisten Fällen **unbewusst** getroffen. Oft ist es den **Verbrauchern** kaum möglich, an die notwendigen **Informationen** heranzukommen bzw. diese zu **verarbeiten**.

Wir sprechen auch vom Leitbild des **schutzbedürftigen** Verbrauchers. Entsprechend diesem Leitbild versucht der **Verbraucherschutz** die Menschen in ihrer Rolle als **Verbraucher** von Waren und Dienstleistungen zu schützen.

Aufgabe 5: *Stimmen die Aussagen so? Wenn nicht, korrigiere die falschen Aussagen und schreibe sie dann richtig auf.*

a) Alle, auch wirtschaftliche Entscheidungen werden bewusst getroffen.

Viele, auch wirtschaftliche Entscheidungen werden in den meisten Fällen unbewusst getroffen.

b) Jeder hat die Möglichkeit, an alle notwendigen Informationen heranzukommen und diese zu verarbeiten.

Oft ist es den Verbrauchern kaum möglich, an die notwendigen Informationen heranzukommen bzw. diese zu verarbeiten.

KOHL VERLAG Stationenlernen WIRTSCHAFT 9.-10. Schuljahr – Bestell-Nr. 11 775

IV. Das Haushaltsbuch – So behalten wir den Überblick (Teil 1)

Im Haushalt von Familie L. leben vier Personen (Herr und Frau L. und die beiden Kinder Dominik und Julia). Herr L. ist technischer Angestellter und verdient monatlich 1800 € netto. Von diesen 1800 € muss Familie L. Miete und Nebenkosten zahlen, das Auto unterhalten, Lebensmittel, Körperpflegemittel und Kleidung kaufen, die Telefonrechnung und andere Gebühren bezahlen.

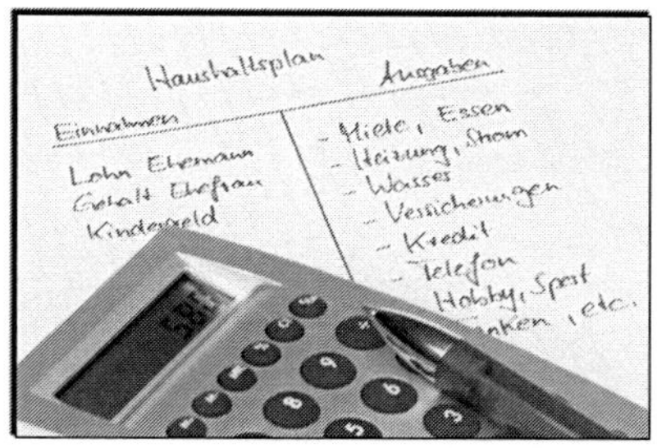

Da Familie L. das Gefühl hat, dass das Geld immer weniger wird und am Ende des Monats nichts übrig bleibt, beginnt Frau L. ein Haushaltsbuch zu führen, in das sie alle Einnahmen und Ausgaben mit Datum einträgt.

Monat Juni

Einnahmen		
29.05.	Gehalt	1800 €
15.06.	Kindergeld	368 €
	Summe	2168 €

Ausgaben *(fix)*		
01.06.	Miete, kalt	600 €
01.06.	Gas	100 €
01.06.	Strom	130 €
15.06.	Wasser, Abwasser, Müll	90 €
01.06.	Telefon	41 €
15.06.	Sportverein Dominik	20 €
15.06.	Kindergarten-entgeld Julia	106 €
	Summe	1087 €

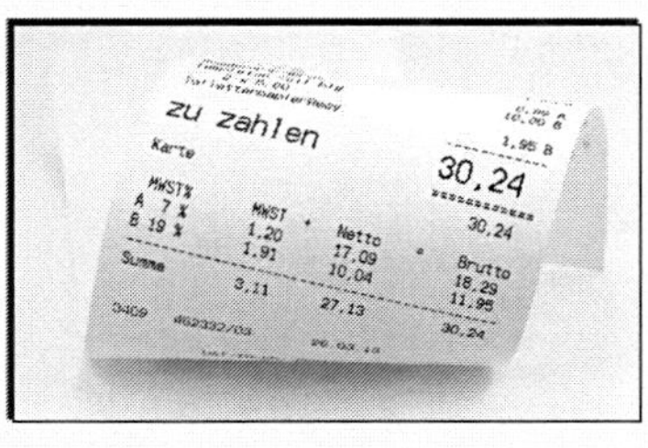

Ausgaben *(variabel)*			
Auto	02.06.	Star Tankstelle	56,30 €
	21.06.	Star Tankstelle	56,48 €
	05.06.	TÜV	62,50 €
Wohnen	26.06.	Schornstein-feger	92,49 €
Kleidung	07.06.	Sandalen Julia	19,99 €
	09.06.	Hosen Dominik	50,00 €
Lebensmittel, Putzmittel, Körperpflege usw.	02.06.	s. Kassenzettel	30,44 €
	09.06.	s. Kassenzettel	135,66 €
	16.06.	s. Kassenzettel	75,46 €
	24.06.	s. Kassenzettel	92,55 €
	28.06.	s. Kassenzettel	83,61 €
	05.06.	Brötchen	6,30 €
	14.06.	Brötchen	5,80 €
	20.06.	Aufschnitt	4,33 €
	24.08.	Kuchen	7,60 €
	18.06.	Frisör Mutter	19,00 €
	21.06.	Frisör Dominik und Julia	23,00 €
		Summe	821,51 €

Aufgabe 1: *Betrachte die beigefügten Kassenzettel aufmerksam. Vergleiche mit den Eintragungen im Haushaltsbuch. Mache dir Gedanken zu den Dingen, die eingekauft wurden.*

IV. Das Haushaltsbuch – So behalten wir den Überblick (Teil 1)

Zeitschriften 7%	2,50
Bounty	1,49
Balisto	1,49
Grabower Küsse	0,99
Bake Zwiebelbrot	1,89
H-Milch 3,5%	0,65
Eier	1,29
Übersee-Rum	5,49
Fleisch-Bedienung	11,89
Geflügelsalat	1,29
H-Milch 3,5%	0,65
H-Milch 3,5%	0,65
H-Milch 3,5%	0,65
H-Milch 3,5%	0,65
Margarine	0,79
Margarine	0,79
Kokosraspel	0,79
Backaroma	0,55
Backaroma	0,55
Trumpf Goldtaler	0,89
Wodka 0,7l	5,99
Pommes Frites	1,15
Haribo Stafetten	0,59
Haribo Schnuller	0,59
Mineralwasser 12x0,7l	1,69
Pfand	3,30
Mineralwasser 12x0,7l	1,69
Pfand	3,30
Pommes Frites	1,15
Taschentücher	1,85
Choco-Drink	1,99
Gemüsebrühe	0,59
Eis-Hit	2,49
Kariba	1,79
Haribo Pasta	0,59
Käse SB	0,93
Kräuter Antipasti	1,79
Buttertoast	0,55
Vollkorntoast	0,55
Trockenhefe	0,59
Dr. Lange Soße	0,35
Dr. Lange Soße	0,35
Kondensmilch	0,47
Kondensmilch	0,47
Schlagsahne	0,45
Bananen 0,830kg x 1,49 €/kg	1,24
Birnen lose 0,936kg x 1,49 €/kg	1,39
Leberwurst	0,75
Schlagsahne	0,45
Schlagsahne	0,45
SUMME	**75,46**

Lauch/Porree 0,826kg x 0,79 €/Kg	0,65
Unser Weisses 500gr	0,89
Weizenkruste 500 gr	0,89
Riffelchips Paprika	0,99
3 x Donut	1,05
3 x Buttercroissant	1,05
Baguette 400gr	0,99
Baguette 250 gr	0,55
Joghurt	0,65
Eier	1,29
Sonnenblumenöl	1,49
Kondensmilch	0,47
2 x Schnitzel 400gr à 2,99 €	5,98
Tomatenmark	0,45
Katzenzungen	1,58
Haarschmuck	3,99
Eisberg	0,59
Paprika Mix 500 gr	0,68
Gurken	0,45
Suppengrün 500 gr	0,88
Wiener 500 gr	2,69
Rostbratwurst 350 gr	2,19
SUMME	**30,44**

KOHL VERLAG Stationenlernen WIRTSCHAFT 9.-10. Schuljahr – Bestell-Nr. 11 775

IV. Das Haushaltsbuch – So behalten wir den Überblick (Teil 1)

Zeitschriften 7%	2,50
Mineralwasser 12x0,7l	1,69
Pfand	3,30
Mineralwasser12x0,7l	1,69
Pfand	3,30
Übersee-Rum	5,49
Wodka	4,99
Borg. Kaffeekränze	0,89
Bake Zwiebelbrot	1,89
Geschirrspülmittel	0,65
Pommes Frites	1,15
Pommes Frites	1,15
Muscle Power	2,75
Geschirrspülmittel	0,65
Pfannenwender	2,89
Pfannenwender	2,89
Gardinenhaken	2,49
WC-Reiniger	0,75
Schoko Cookies	1,19
Frischhaltefolie	0,65
Mayonnaise	0,99
Speisequark	0,65
Schlagsahne	0,45
Schlagsahne	0,45
Elkos Zahnbürste	0,65
Trauben 500gr	1,29
Kinderzahnbürste	0,99
tetesept Schaumbad	3,95
tetesept Schaumbad	3,95
Eier	1,29
Fleisch-Bedienung	19,29
Buttertoast	0,55
H-Milch 3,5%	0,65
H-Milch 3,5%	0,65
H-Milch 3,5%	0,65
Schokotröpfchen	0,89
H-Milch 3,5%	0,65
Soßenpulver	0,29
Markenbutter	1,29
Mokka-Creme	0,89
Mokka-Creme	0,89
H-Milch 3,5%	0,65
H-Milch 3,5%	0,65
Mayonnaise	1,69
Scheuermilch	0,55
Kondensmilch	0,47
Kondensmilch	0,47
Äpfel	2,99
Eisbergsalat	0,79
SUMME	**92,55**

Cornichons	0,89
Küchenrolle	1,35
Zeitschriften 7%	2,99
Toilettenpapier	1,95
Toilettenpapier	1,95
Wodka	4,99
Müllbeutel	0,65
Weinsauerkraut	0,59
Übersee-Rum	5,49
Zucker	0,85
Lasagne	0,99
Spaghetti	0,49
Pommes Frites	1,15
Pommes Frites	1,15
Margarine	0,79
Margarine	0,79
Mineralwasser 12x0,7l	1,69
Pfand	3,30
Mineralwasser 12x0,7l	1,69
Pfand	3,30
3 x Sahnejoghurt á 0,29 €	0,87
Fruchtjoghurt	0,29
Milch-Schnitte	1,79
Schlagsahne	0,45
Schlagsahne	0,45
Chips mit Paprika	0,79
Lorenz Snack Hits	1,99
Tomatenmark	0,45
Tomatenmark	0,45
Schlagsahne	0,45
Fruchtjoghurt	0,29
Sahnejoghurt	0,29
Geflügelsalat	1,29
Margarine	0,79
Chicken-Nuggets	3,88
H-Milch 3,5%	0,65
Gewürts-Ketchup	0,99
Senf	0,29
Haferflocken	0,39
Eier	1,29
H-Milch 3,5%	0,65
Leberwurst	0,75
Tomaten-Ketchup	0,79
Salami Tipo Felino	1,79
Soja-Soße	2,09
Fleisch-Bedienung	12,94
Clementinen 1 kg	0,99
Sonnenblumenöl	1,49
Sonnenblumenöl	1,49
Zucker	0,85
Apfelmus	0,99
Brötchen	0,79
Weizen-Baguette	0,35
Wirsing 0,670 kg à 0,66 €/kg	0,44
Buttertoast	0,55
Orangen 1,5 kg	1,49
SUMME	**83,61**

IV. Das Haushaltsbuch – So behalten wir den Überblick (Teil 1)

Weiss Lebkuchen	1,49
Gurken	0,29
Paprika Mix 500gr	0,79
Erbsen & Möhrchen	1,79
Twix	0,99
Zeitschriften 7%	2,50
Zeitschriften 7%	0,90
Pommes Frites	1,15
Hamburger	0,69
Weizen-Baguette	0,35
Übersee-Rum	5,49
Frites	0,99
2x Mineralwasser 12 x 0,7l	3,38
2x Pfand	6,60
Hones Wheat	1,99
Mini-Donuts	2,19
Gänsekeule	5,99
Dr. Lange Fix Soße	0,25
Maggi Fix Lasagne	0,49
Toilettenpapier	1,95
Tchibo Mädchen Langarmshirt	12,95
Maggi Fix Schnitzel	0,49
H-Milch 3,5 %	0,65
Schoko-Cookies	1,19
After Eight Classic	1,33
Gänsekeule	5,99
Tomaten-Ketchup	0,79
Weiss Lebkuchen	1,39
Gouda	1,95
3x Alpenrahm Nuss	1,17
Margarine	0,79
Margarine	0,79
Fleisch-Bedienung	11,24
Gänsekeule	5,99
Fleisch-Bedienung	23,23
Bake off	0,90
5 x Puddis in love à 0,29 €	1,45
H-Milch 3,5 %	0,65
H-Milch 3,5 %	0,65
H-Milch 3,5 %	0,65
Bake Zwiebelbrot	1,89
2x Tafelschokolade	1,32
Bake Zwiebelbrot	1,89
Küchenrolle	1,35
Vollkorntoast	0,55
Gurken	0,29
Eier	1,29
Fischstäbchen	1,39
Bananen 0,890kg x 0,99€/kg	0,88
Buttertoast	0,55
Birnen 1 kg	1,49
Eisbergsalat	0,79
H-Milch 3,5 %	0,65
Spitzwegerich Hustensaft	2,45
Sonnenbassermann Suppentopf	1,00
Curry-Ketchup	1,39
Tafeltrauben 1 kg	1,99
SUMME	**135,66**

KOHL VERLAG Lernen mit Erfolg
Stationenlernen WIRTSCHAFT
9.-10. Schuljahr – Bestell-Nr. 11 775

IV. Das Haushaltsbuch – So behalten wir den Überblick (Teil 2)

Aufgabe 2: *Frau L. überlegt, wo sich möglicherweise Geld sparen ließe. Nur kommenden Monat müssen Versicherungen bezahlt werden, das Geld für die Klassenfahrt für Dominik muss auch überwiesen werden, und Oma hat Geburtstag. Dafür fallen TÜV und Schornsteinfeger weg.*

a) Was meinst du, hat Familie L. Möglichkeiten, Geld einzusparen, oder ist das Leben einer vierköpfigen Familie tatsächlich so teuer? Diskutiert auch in Kleingruppen (3-4 Personen).

b) Streiche Dinge von den Kassenzetteln und aus den Aufzeichnungen von Frau L., die nicht wirklich zum Überleben notwendig sind. Rechne diese Beträge zusammen. Lohnt es sich, auf diese Annehmlichkeiten zu verzichten?

c) Frau L. hat nun einen guten Überblick über die Einnahmen und Ausgaben der Familie. Welche Vorteile ergeben sich für Familie L. daraus?

Stationenlernen WIRTSCHAFT
9.-10. Schuljahr – Bestell-Nr. 11 775
KOHL VERLAG

IV. Das Haushaltsbuch – So behalten wir den Überblick (Teil 2)

Lösungen

Aufgabe 2: *Frau L. überlegt, wo sich möglicherweise Geld sparen ließe. Nur kommenden Monat müssen Versicherungen bezahlt werden, das Geld für die Klassenfahrt für Dominik muss auch überwiesen werden, und Oma hat Geburtstag. Dafür fallen TÜV und Schornsteinfeger weg.*

a) Was meinst du, hat Familie L. Möglichkeiten, Geld einzusparen, oder ist das Leben einer vierköpfigen Familie tatsächlich so teuer? Diskutiert auch in Kleingruppen (3-4 Personen).

Mögliche Lösung: Das Leben einer vierköpfigen Familie ist tatsächlich so teuer.

b) Streiche Dinge von den Kassenzetteln und aus den Aufzeichnungen von Frau L., die nicht wirklich zum Überleben notwendig sind. Rechne diese Beträge zusammen. Lohnt es sich, auf diese Annehmlichkeiten zu verzichten?

Mögliche Lösung: Rum, Wodka, Süßigkeiten, Sportverein streichen. Ansonsten verschiedene Lösungen möglich.

c) Frau L. hat nun einen guten Überblick über die Einnahmen und Ausgaben der Familie. Welche Vorteile ergeben sich für Familie L. daraus?

Mögliche Lösung:
- **Vermeiden von Schulden und Überschuldung**
- **Überflüssige Ausgaben vermeiden und trotzdem nicht auf einige Annehmlichkeiten verzichten müssen**
- **Bessere Planbarkeit zukünftiger Ausgaben**

KOHL VERLAG Stationenlernen WIRTSCHAFT 9.-10. Schuljahr – Bestell-Nr. 11 775

Themen für Kurzreferate

1. Wirtschaft geht uns alle an

Was sind Transfereinkommen?

- *Definition*
- *Was gehört zu den Transfereinkommen? (z.B. Kindergeld)*

Arbeitslos – was nun?

- *Arbeitslosengeld – wann hat wer welche Ansprüche?*
- *Welche Ämter sind wann zuständig?*

Armut

- *Ab wann ist man arm?*
- *Kinderarmut*
- *Wie viele von Armut betroffene Menschen gibt es bei uns in Deutschland?*

Werbung

- *Was versteht man unter AIDA?*

2. Der Markt und die Marktpreisbildung

Wirtschaftliche Konzentration

- *Definition: Monopol, Oligopol, Polypol, Fusion, Kartell, Syndikat.*
- *Aufgaben und Rolle der Kartellbehörde.*
- *Beispiel aus der Vergangenheit.*

3. Prinzipien der Wirtschaftlichkeit

Die Milchquote

- *Was ist die Milchquote überhaupt?*
- *Warum gibt es die Milchquote? Problem der Überproduktion kurz ansprechen.*
- *Wie werden die Milchpreise durch die Milchquote beeinflusst? Was bedeutet das für die Verbraucher einerseits und für die Milcherzeuger andererseits?*

Wer war........? *(4 Themen)*

- *David Ricardo*
- *Adam Smith*
- *Vilfredo Pareto*
- *John Maynard Keynes*

Leitfragen: Wer war diese Person? Mit welchen Theorien, Ideen hat er sich befasst? Findet diese Theorie auch heute noch Anwendung?

Themen für Kurzreferate

4. Vom Geld

Inflation

- *Definition*
- *Beispiel aus der Geschichte*

Die Bankenkrise

- *Wie ist es zu der Bankenkrise gekommen?*
- *Wurde den Banken geholfen? Wenn ja, wie?*

Privatinsolvenz

- *Was ist eine Privatinsolvenz? Wie läuft so etwas ab?*
- *Welche Chance erhalten private Haushalte durch eine Privatinsolvenz?*
- *Entwickle zum besseren Verständnis ein eigenes Fallbeispiel.*

5. Verbraucherverhalten und Verbraucherschutz

Kennzeichnung von Lebensmitteln

- *Warum sollen Lebensmittel gekennzeichnet werden?*
- *Welche Informationen sollen die Verbraucher dadurch erhalten?*
- *Wie sinnvoll ist eine Kennzeichnung von Lebensmitteln?*

KOHL VERLAG Stationenlernen WIRTSCHAFT 9.-10. Schuljahr – Bestell-Nr. 11 775